Por Que Comigo?

14-07-25-250-66.200

Coordenação editorial: **Ronaldo A. Sperdutti**
Capa, projeto gráfico e editoração: **Ricardo Brito | Estúdio Design do Livro**
Imagem da capa: **Jjneff | iStockphoto**
Revisão: **Fernanda Almeida Umile**
Maria Aiko Nishijima
Impressão: **Gráfica Printi**

Dados Internacionais de Catalogação na Publicação (CIP)
(Câmara Brasileira do Livro, SP, Brasil)

Carlos, Antônio (Espírito).
Por que comigo? / romance do Espírito Antônio Carlos ; psicografado pela médium Vera Lúcia Marinzeck de Carvalho. – São Paulo : Petit, 2006.

ISBN 978-85-7253-283-9

1. Espiritismo 2. Psicografia 3. Romance espírita
I. Carvalho, Vera Lúcia Marinzeck de II. Título.

06-6629 CDD: 133.93

Índices para catálogo sistemático:
1. Romances espíritas psicografados : Espiritismo 133.93

Prezado leitor(a),

Caso encontre neste livro alguma parte que acredita que vai interessar ou mesmo ajudar outras pessoas e decida distribuí-la por meio da internet ou outro meio, nunca deixe de mencionar a fonte, pois assim estará preservando os direitos do autor e consequentemente contribuindo para uma ótima divulgação do livro.

Por que COMIGO?

Uma história maravilhosa envolvendo crianças com necessidades especiais

VERA LÚCIA MARINZECK DE CARVALHO

Ditado pelo Espírito
ANTÔNIO CARLOS

petit editora

Av. Porto Ferreira, 1031 - Parque Iracema
CEP 15809-020 – Catanduva-SP
Fone: 17 3531.4444

www.petit.com.br | petit@petit.com.br
www.boanova.net | boanova@boanova.net

CONFORME NOVO ACORDO ORTOGRÁFICO

Livros da médium
VERA LÚCIA MARINZECK DE CARVALHO

Com o Espírito Antônio Carlos

- *Reconciliação*
- *Cativos e Libertos*
- *Copos que Andam*
- *Filho Adotivo*
- *Reparando Erros de Vidas Passadas*
- *A Mansão da Pedra Torta*
- *Palco das Encarnações*
- *Histórias Maravilhosas da Espiritualidade*
- *Muitos São os Chamados*
- *Reflexos do Passado*
- *Aqueles Que Amam0*
- *Novamente Juntos*
- *A Casa do Penhasco*
- *O Mistério do Sobrado*
- *O Último Jantar*
- *O Jardim das Rosas*
- *O Sonâmbulo*
- *O Céu Pode Esperar*
- *Por Que Comigo?*
- *A Gruta das Orquídeas*
- *O Castelo dos Sonhos*
- *O Ateu*
- *O Enigma da Fazenda*
- *O Cravo na Lapela*
- *A Casa do Bosque*
- *Entrevistas com os Espíritos*
- *O caminho das estrelas*

Com o Espírito Patrícia

- *Violetas na Janela*
- *A Casa do Escritor*
- *O Voo da Gaivota*
- *Vivendo no Mundo dos Espíritos*

Com o Espírito Rosângela

- *O Difícil Caminho das Drogas*
- *Flores de Maria*

Com o Espírito Jussara

- *Cabocla*
- *Sonhos de Liberdade*

Com espíritos diversos

- *O Que Encontrei do Outro Lado da Vida*
- *Deficiente Mental: Por Que Fui Um?*
- *Morri! E Agora?*
- *Ah, Se Eu Pudesse Voltar no Tempo!*
- *Somente uma Lembrança*

Livros em outros idiomas

- *Violets on the Window*
- *Violetas en la Ventana*
- *Violoj sur Fenestro*

Dedico este livro ao
Eduardo, meu netinho querido,
com todo meu amor.

Vovó Vera
SETEMBRO DE 2006

Sumário

1
A gravidez desejada

Mário e Lúcia, casados havia cinco anos, esperavam ansiosos o primeiro filho. Felizes, faziam muitos planos.

– Com certeza, vai ser menino – dizia, alegre, Mário. – Vou comprar já uma camisetinha do meu time de futebol e quando ele fizer três anos, vou levá-lo ao estádio para ver um clássico.

– E se for menina, você ficará decepcionado? – perguntou Lúcia.

– Claro que não – respondeu ele. – Vou amá-la do mesmo modo. Vou comprar para ela de Natal uma boneca bem grande. E nosso próximo filho será menino.

Riram.

Tudo foi planejado com carinho. Compraram um enxoval de cores neutras, Lúcia tricotou e fez lindas roupinhas. Ela trabalhava numa fábrica de confecções e ele numa oficina mecânica.

Mário estava muito feliz. Tinha um lar, esposa exemplar e um filho a caminho.

Ele não teve um lar estruturado na infância. O pai, um alcoólatra, tinha abandonado seus dois irmãos e ele ainda pequenos. A mãe, mulher forte, trabalhadeira, esforçou-se para criá-los. Quando ela faleceu, ele era adolescente e já trabalhava na oficina. Ele e os irmãos se separaram, quase não se viam. O mais velho casou-se e morava num bairro distante, o segundo mudou de cidade. Falavam-se pouco, Mário se entristecia com esse afastamento, mas não tinha como se reunirem de novo. Ele morava numa pensão perto de seu local de trabalho.

Mário lembrava com carinho do dia em que conheceu Lúcia. Um companheiro de trabalho convidou-o a ir a uma festa em sua casa. E ela estava lá, era vizinha do amigo. Ao vê-la, sentiu o coração disparar, disfarçou e ficou olhando-a até que seu amigo lhe disse:

– Acorda, Mário! Parece encantado!

Sentiu-se assim, encantado. Teve certeza de que era a primeira vez que a via, porque não iria esquecê-la se a tivesse conhecido. Mas parecia que ela era uma pessoa querida e que se reencontravam.

– Quer que a apresente? – indagou-lhe o amigo.

– Espere um pouco... – respondeu ele.

Ele queria se recompor, pois sentia como se tivesse levado um susto, principalmente depois que ela o olhou e sorriu.

Lúcia era de estatura baixa, cabelos anelados, castanhos como os olhos, risonha, bonita e, para Mário, muito linda.

Teve de esperar uns 20 minutos para se acalmar para ser apresentado a ela. Ficaram conversando, marcaram um encontro para o outro dia, domingo à tarde. E começaram a namorar. Ele tinha 19 anos e ela 17.

O namoro foi tranquilo, combinavam muito; discutiram algumas poucas vezes, pois ele tinha ciúmes. Encontravam-se sempre que possível, conversavam e faziam planos.

Após dois anos de namoro, resolveram se casar. Eram muito jovens, mas ambos queriam ter seu lar; então, prometeram que um cuidaria do outro. O casamento foi uma cerimônia simples. Católicos, casaram na igreja; com sinceridade e alegria, receberam a bênção do sacerdote com o propósito de cumprirem os juramentos. Mário, com certeza, era um noivo muito feliz.

Eles queriam muito um cantinho que fosse deles. No início, moraram na casinha de três cômodos que Lúcia herdou de seus pais e na qual morou com sua mãe antes de ela desencarnar. O fato de ser órfã uniu mais ainda o casal. Embora Mário não fosse órfão de pai, era como se fosse.

Com o salário de ambos, eles puderam mudar para outra casa, maior, que foi financiada. Mobiliaram-na com carinho, e, com tudo acertado, resolveram ter filhos. Mas Lúcia não ficava grávida. Ela teve medo de não conseguir engravidar. Ficou nervosa, chorava escondido do marido. Isabel, sua cunhada, a acompanhou a médicos. Todos afirmaram que ela não tinha nada. Mas o terceiro obstetra consultado receitou uns remédios, entre eles um calmante. Aconselhou-a a não ficar ansiosa, pois ela somente engravidaria depois do tratamento de seis meses. Não sofrendo pressão, após dois meses engravidou. Foi uma alegria. Cumprindo uma promessa, Lúcia foi por 15 dias seguidos à igreja rezar um terço.

– Será o Júnior! – dizia Mário.

– Sim – concordou Lúcia. – Se for menino será Júnior.

Mário quietou-se, ficou pensativo, depois olhou para a esposa e disse:

– Estou lembrando daquele sonho!

– Sei que esse sonho o impressionou muito. Mas por que não o esquece?

– Eu quero, mas não consigo. Sonhei quando estávamos arrumando os papéis para casarmos. Já faz tempo, mas parece que foi esta noite. – Suspirou e contou o sonho.

Lúcia já escutara muitas vezes, mas, atenciosa, ouviu novamente.

– Sonhei com minha mãe, mas as feições dela eram diferentes. Sabia, porém, que era minha mãe. Ela me disse carinhosamente: “Mário, você vai se casar, não ficará mais sozinho. Lúcia também é minha filha. Você receberá seu pai por filho, depois eu nascerei em seu lar. Estarei com vocês para ajudá-los e serei boa filha. Confio seu pai a você!". E ela me mostrou uma pessoa. Lúcia, não esqueço esse ser que vi e que seria o meu pai, estava tão estranho, abobalhado. Acordei agitado, suando e fiquei acordado, não consegui dormir mais. Sonho é sonho, mas esse foi tão real! Porém, meu pai está aí, vivo e bebendo. E aquela mulher com certeza não era a minha mãe.

Sempre que escutava essa narrativa, Lúcia aconselhava-o dizendo: "Você não deve lembrar mais desse sonho! Não sei por que você ainda se recorda dele!" etc. Mas dessa vez preferiu mudar de assunto.

– Veja, Mário, que casaquinho lindo!

Mário pegou a roupinha e pôs-se a falar do nenê com entusiasmo.

Sempre que podia, ele ajudava Lúcia, fazendo a limpeza da casa e as compras. Ela ia tirar afastamento perto de a criança nascer e, depois, tiraria férias – isso para ficar mais com o nenê. Depois, costuraria em casa, como faziam muitas outras mães na fábrica em que trabalhava. Ganharia menos, mas o importante era ficar com o filhinho.

Teve uma gravidez tranquila, embora tivesse enjoado e vomitado muito nos primeiros meses.

Lúcia pensava, contente:

"Todas as crianças deveriam nascer em lares como o nosso e ser esperadas com carinho. Nosso filho é querido, nós o amamos e vamos criá-lo e educá-lo para ser uma pessoa do bem. A vida dele será diferente da nossa. O pai de Mário o abandonou, a mãe morreu muito nova e ele ficou órfão aos 16 anos. Quanto a mim, meu pai faleceu quando eu tinha dois anos e quando mamãe foi ter com papai, eu estava com dez anos. Morei com meu irmão; ele e minha cunhada foram bons comigo, mas sempre senti falta de uma casa que fosse minha. Meu casamento deu certo e tudo está tão bem...".

Lúcia se recordava dos pais com saudades. Era a caçula, e seus irmãos eram bem mais velhos que ela. Não passou por privações como Mário. Moravam em casa própria e a mãe recebia pensão do marido. Seu irmão mais velho, Carlos, residia perto de sua casa. Sua mãe ficou doente por oito meses e, quando faleceu, Lúcia foi morar com o irmão. Tinha mais duas irmãs, Luíza e Márcia, que estavam casadas. Todos lhe queriam bem, preocupavam-se com ela. Sua cunhada, Isabel, a tratava como filha, e os sobrinhos gostavam muito dela. Porém, sempre sentiu falta de um lar, queria ter sua própria família.

Quando resolveram casar, seus irmãos queriam que ela e Mário namorassem por mais tempo, achavam que eram jovens demais para se unirem em matrimônio. Temiam que ele pudesse se embriagar como o pai. Mas Mário provou que era diferente, honesto, trabalhador e não bebia nada que contivesse álcool, não fumava, não tinha vícios. O irmão e as irmãs de Lúcia os ajudavam para que, então, realizassem seus sonhos e se casassem.

Planejar o casamento foi muito prazeroso. Casou-se vestida de noiva, com uma roupa muito bonita. Estava muito feliz.

E o casamento ia bem. Mário, sempre apaixonado, era um ótimo marido, e sua família gostava dele.

Economizaram muito, quase não saíam para passear, mas valeu a pena, compraram uma casa maior, estavam bem instalados.

E tudo lhes parecia perfeito. Um filho era tudo o que eles queriam.

E quando Lúcia começou a sentir as dores do parto, Mário ficou tão nervoso que Carlos e Isabel tiveram de ir com eles para o hospital.

2

O acaso tem causa?

Os três ficaram na sala de espera por algumas horas, que lhes pareceram dias. Isabel queria muito bem a Lúcia, gostava dela como se fosse sua filha. Carlos também a amava; desde que o pai morrera, tomou-a por filha. Mário temia que algo de ruim pudesse acontecer com a esposa e o filho.

Lúcia teve parto normal, não viu o nenê, o médico informou-a:

– Dona Lúcia, a senhora teve um menino. Agora descanse! Depois o verá.

Estava realmente cansada, relaxou e pensou feliz:

"Mário ficará contente por ser menino!".

As enfermeiras a acomodaram no leito e ela adormeceu.

Uma enfermeira foi à sala de espera e informou os três:

– Dona Lúcia está bem, já foi para o quarto.

– E o nenê? O que é? – perguntou Mário, aflito.

– Um menino!

– Graças a Deus! – exclamou Mário rindo.

Carlos, porém, notou que algo não estava bem pela expressão da enfermeira. Perguntou:

– Aconteceu alguma coisa? A criança está bem?

– O doutor quer conversar com vocês, por favor, me acompanhem.

Isabel estremeceu, olhou para Carlos, que empalideceu. Mário ficou parado, os dois pegaram-no pelos braços e acompanharam a enfermeira. Entraram numa salinha e a enfermeira pediu que sentassem. O médico entrou, cumprimentou-os e Mário indagou-lhe nervoso:

– O que aconteceu com meu filho? Morreu?

– A criança está viva. Vamos examiná-la, porém já sabemos que ela é portadora da síndrome de Down.

– Nasceu com deficiência mental? – perguntou Isabel assustada.

– É um retardado? – questionou Mário.

– Ele tem deficiência e com certeza será uma criança adorável e...

O médico tentou explicar, mas foi interrompido por Mário, que estava muito nervoso.

– O quê? O senhor chama um débil mental de adorável? Por acaso o senhor é pai de um deficiente? É fácil dizer que é adorável o filho do outro.

– Mário! – exclamaram Carlos e Isabel juntos.

Mário, que havia se levantado, sentou-se novamente, olhando para o cunhado, que lhe pediu:

– Calma, por favor, deixe o médico nos explicar.

O médico falou de forma tranquila, com certeza tentando amenizar a notícia.

– A criança tem deficiência, e será examinada por um pediatra. Terá de ter cuidados especiais e certamente com o tempo todos a amarão mais ainda.

– Por quê? Por que meu filho nasceu assim? – perguntou Mário.

– Temos explicações científicas do porquê, mas o porquê desse porquê acho que somente Deus sabe. Não se aflija tanto assim. O senhor quer um calmante?

Mário concordou com a cabeça. O médico pediu à enfermeira, que lhe trouxe um comprimido. Depois ela os conduziu novamente para a sala de espera. Minutos depois, outra enfermeira comunicou-lhes que poderiam ver Lúcia.

– Eu não vou! Não tenho condições – disse Mário. – Digam a ela que fiquei tão nervoso que tiveram de me dar um calmante e que estou sonolento.

Mas não estava, sentia-se estranho, alheio.

“Nada disso está acontecendo. Meu filho não nasceu, estou sonhando.”

Sabia, porém, que não era sonho. Sentou-se numa poltrona num canto da sala e ficou quieto.

– Lúcia, meu bem, como está?

Carlos a beijou, Isabel pegou na sua mão. Ela abriu os olhos e sorriu.

– Onde está Mário?

– Ficou tão nervoso que tiveram de lhe dar um calmante e ele está sonolento. Ficou sentado numa cadeira na sala de espera – informou Isabel.

Lúcia sorriu e exclamou:

– Ele deve estar feliz. É um menino!

– Fique quietinha e descanse, irmãzinha.

Ela dormiu e os dois saíram.

– Mário – disse Carlos –, Lúcia está dormindo, a enfermeira nos confirmou que ela está bem. Vamos para casa.

Mário seguiu-os, foi para casa. Vendo-os chegar, os vizinhos foram perguntar de Lúcia. Mário não respondeu, entrou direto em casa e ouviu Isabel falar:

– Estão bem, é um menino.

Ele se deitou no leito. Carlos perguntou:

– Você está bem? Quer que lhe façamos companhia?

– Se estou bem? Sinto-me péssimo! Vou tentar dormir. Por favor, fiquem com Lúcia, inventem uma desculpa para ela. Quero me recompor primeiro para vê-la.

Carlos não concordava com o cunhado, mas não disse nada. Saíram e ele comentou com a esposa:

– Isabel, Mário me decepciona. Minha irmã, quando souber, precisará muito dele.

– Vamos deixar que o susto passe. Lúcia precisará de nós. Vamos para casa, trocarei de roupa e voltarei ao hospital para ficar com ela.

Três horas depois, Lúcia acordou disposta e quis ver o filhinho. A enfermeira trouxe o nenê. Ela o abraçou e o beijou. Depois o olhou bem. A enfermeira ficou ao seu lado.

– Ele é diferente! – exclamou a jovem mamãe.

– É especial! – disse a enfermeira.

– Doente? – ela perguntou.

– Deficiente. Vai precisar muito da mamãe!

– Sim, vai! – respondeu Lúcia, baixinho.

Teve vontade de chorar. A enfermeira falou carinhosamente:

– Deus não dá fardos a fracos. Para uma mãe maravilhosa, um filho especial. Olhe bem para ele. É lindo! Parece dizer: "Mamãe me ame!".

– Mas eu o amo! – exclamou Lúcia.

– Então está tudo certo! – tranquilizou-a a enfermeira. – Por que não o mima? Cante baixinho para ele.

E Lúcia o fez, cantou baixinho. Lágrimas escorreram pelo seu rosto.

Isabel entrou no quarto e comoveu-se. Aproximou-se e a enfermeira saiu.

– Lúcia, você está bem?

– Sim, estou, obrigada. Venha vê-lo Isabel. Você vai amá-lo?

– Sim, já o amo. Será com certeza o meu sobrinho mais amado, é meu afilhado. Vocês já nos chamaram para padrinhos, aceitamos e agora que o conheço, serei a melhor madrinha do mundo, a que ele merece.

Beijou-os.

– Que Deus o abençoe, meu afilhado! – exclamou chorando, emocionada.

– E Mário? Onde ele está?

– Ele está dormindo na casa de vocês. O calmante...

– Ele já sabe?

– Sim.

– Deve ter sido um choque para ele, por isso ficou nervoso. Nós vamos superar isso.

– Vão, sim. São muitas as crianças que nascem com deficiência – disse Isabel.

Mário não quis ir vê-los. Carlos e Isabel insistiram.

– Não tenho coragem – dizia, triste.

A família toda foi vê-los no hospital. Lúcia ficou por três dias até que aprendeu a amamentar o bebê. Luíza ia ficar por alguns dias na casa dela para ajudá-la. O instinto maternal aflorou e a jovem mamãe aprendeu rápido a cuidar do filhinho.

Mário estava em casa quando chegaram. Ele beijou a esposa e olhou para a criança.

– Pegue o Júnior!

– É melhor não. Tenho medo, ele é tão pequenino – respondeu ele.

Mário não sabia o que fazer. Sentiu-se aliviado quando Luíza pediu que fosse comprar o que necessitavam.

À tarde, disse que precisava trabalhar e saiu. Lúcia queixou-se à irmã:

– Luíza, acho que ele não aceitou o Júnior.

– Homem é diferente de nós. Logo ele acostuma.

– Acostuma com o filho?!

– Com a situação – respondeu Luíza. – Tenha calma. Foi uma decepção para ele. Mas o amor paternal falará mais alto. Você vai ver que logo ele estará pegando o nenê e beijando-o.

– Tomara! – exclamou Lúcia, triste.

Todos os conhecidos, vizinhos já sabiam. Mário estava triste e quieto. Estava trabalhando, quando um colega indagou-lhe:

– Seu filho é deficiente?

– Sim – respondeu lacônico.

– Quem de vocês pecou?

– O quê?! – Mário perguntou, espantado.

– Foi você ou a mãe? Quem pecou feio para que o nenê nascesse assim? – insistiu o colega na indagação maldosa.

Mário quis agredi-lo, mas outros companheiros o seguraram.

– Calma, Mário! – expressou o indagador. – Não falei nada demais. É o padre quem fala que quando nasce uma criança assim, foram os pais que pecaram.

– Cale a boca! – interferiu outro colega. – Crianças podem nascer assim. Não seja maldoso! Calma, Mário, vamos tomar um café.

Mário virou-se para acompanhar o colega que o tinha convidado, mas escutou o colega maldoso se justificar para os outros:

– Não fui eu quem inventou isso. É o padre quem fala.

Afastaram-se e ele tomou o café oferecido. Indagou ao amigo que o acompanhou:

– Você acredita nisso? No que ele falou?

– Não acredito em nada. Para mim tudo é por acaso! Mas por que você, que é tão católico, não vai conversar com o padre? Vá agora, eu o ajudo no seu serviço.

Mário agradeceu e foi. A igreja estava fechada, mas o pároco morava ao lado, foi lá. A empregada disse que o sacerdote não podia atendê-lo, mas que ele estaria à tarde na igreja atendendo os fiéis em confissões.

Ele voltou à oficina, não queria confessar-se, queria explicações.

Mário estava ficando pouco em casa. Ia cedo para a oficina, voltava para casa para almoçar, saía rápido e ficava até mais tarde trabalhando. Quando chegava em casa, tomava banho, ficava quieto, sentado na sala, e ia dormir. Luíza se incomodou e falou com ele:

– Meu cunhado, tenho de ir para minha casa. Mas não quero deixar Lúcia tão sozinha assim. Você não tem dado atenção a eles.

– Luíza, lhe agradeço por ter vindo nos ajudar, mas, por favor, não se intrometa.

Lúcia, ao escutar a indelicadeza do marido, entristeceu-se mais ainda; sentou-se ao lado dele e falou em tom suplicante:

– Mário, sei que o Júnior não é sadio, mas é nosso filho. Por favor, ame-o!

– Por que ele nasceu assim? – perguntou Mário olhando fixo para a esposa.

– Não sei, acho que foi porque Deus quis – respondeu ela.

– Deus quis?! – gritou ele. – Por que nós? Por acaso? Maldito acaso! Deus não poderia ter escolhido outro casal para mandar esse defeituoso por filho? Foi casualidade?!

Saiu para o quintal chorando. Lúcia também chorou e Luíza consolou-a.

– Ele desabafa e isso é bom!

Mário esmurrou uma mesa pequena que estava na área. Esmurrou-a com força e raiva. Quando olhou para a mesa, viu que nela havia sangue. Observou suas mãos, estavam sangrando. Havia alguns pregos salientes que o machucaram. Limpou a mesa e lavou as mãos. A dor física era mínima comparada com a dor de ter um filho doente. Escondeu as mãos machucadas da esposa. E na oficina ninguém ousou perguntar o que acontecera.

No outro dia, foi à igreja no horário em que sabia que o padre estaria. Entrou na sacristia.

– Senhor, por favor, poderia aguardar na fila? – pediu uma senhora.

– Quero falar com o padre! – disse determinado.

O sacerdote entrou na sacristia, estava em outra sala colocando acessórios para atender pessoas em confissão. Percebeu, ao vê-lo, que ele sofria e pediu à senhora:

– Por favor, dona Ida, espere-me na igreja. Vou conversar com ele. Sente-se aqui!

Sentou-se também e esperou que o visitante falasse. Mário sentiu-se constrangido, mas falou:

– Queria saber do senhor por que nascem crianças deficientes, com retardamento.

– Bem – respondeu o padre, gentilmente –, é que podemos nascer diferentes.

– Sei disso, mas quero saber o porquê. É castigo para os pais? Eles pecaram? Deus manda filhos deficientes para punir os pais? Sim ou não?

– Pode acontecer. Mas por que você quer saber?

– Meu filho nasceu com síndrome de Down – falou Mário, baixinho.

– São mistérios – expressou o padre. – Não podemos saber as causas, o porquê de tudo. Você quer se confessar?

– Acha então que pequei? Que fiz algo de errado? Meu Deus! O que eu fiz de tão errado para ser punido assim? Eu não sei o que fiz! Deus é um pai carrasco? Se Ele me pune, deve saber por quê. Então que me fale! O que fiz? – gritou exaltado.

– Senhor – pediu o padre –, lembre-se que está na casa de Deus! Não se deve contestar o que Ele faz! Por favor! Vamos conversar com calma! Sente-se de novo! Se seu filho nasceu com deficiência, a ciência explica.

– A ciência pode até explicar – gritou Mário – mas não é Deus que nos cria? E Ele criou meu filho num instante de mau humor? Deu errado sua criação, não teve a humildade de reconhecer seu erro e o jogou para ser meu filho? Quero saber a causa!

– O senhor está exaltado! Não deve se revoltar diante da vontade de Deus.

– Que vontade? Por que eu? Por que nós?

A senhora trouxe um copo d´água. Olhava-o, assustada. Ele tomou e falou baixo:

– O senhor, padre, não tem como me explicar, não é? Não sabe! Diz que é a vontade de Deus! Aceita e pronto! Não tem como justificar essa maldade. Nós pecamos? Afirmo que não! Vá pro inferno o senhor e esse seu Deus!

– Senhor, por favor, não vá embora assim! – pediu o sacerdote.

Mário levantou-se e saiu, o padre tentou segurá-lo e foi empurrado, mas mesmo assim correu atrás dele.

– Meu filho, não se desespere, vamos conversar, por favor!

Mário correu. Não quis mais conversar com o padre.

Voltou para a oficina, esforçou-se para fazer direito seu trabalho e não conversou com ninguém. Tinha a impressão de que todos que o viam faziam comentários sobre eles. Imaginou que falassem. "Quem será que pecou, ele ou a esposa?".

Isso não ocorria. A maioria dos conhecidos, os vizinhos, sentia pena daquele casal jovem com o filhinho doente.

Lúcia também sofria. Sentiu muito por seu filho ser doente. Não queria que o filhinho sofresse nem o esposo. Rezava para que o marido o aceitasse. Quando Luíza voltou para a casa dela, a cunhada, a sua outra irmã, Márcia, e duas sobrinhas revezavam-se indo à sua casa durante o dia para ajudá-la e fazer-lhe companhia. O nenê precisava de mais cuidados e ela com carinho mimava-o.

– Como queria que você fosse sadio! – exclamava triste.

Resolveu que naquela noite iria conversar com Mário. Ele chegou e foi rapidamente se banhar. Jantou em silêncio, ia deitar-se, quando ela o segurou pelo braço e pediu:

Por favor, vamos conversar!

– Estou com sono.

– Por Deus, converse comigo! – rogou ela.

– Deus?! Esse carrasco que faz pessoas defeituosas! Não me fale Dele!

– Mário! Não deve se revoltar assim. Tudo tem uma causa.

– Qual? – gritou Mário. – Não aceito: Deus quis e não foi por acaso. Agora, se existe causa, não sou eu o culpado! Se alguém pecou, foi você! É isso: você pecou e Deus a castigou. Aí está a causa!

– Mário!

– É melhor eu ir dormir na sala. Não quero acordar com o choro desse retardado!

Lúcia foi para o quarto e chorou sentida. Pensou: "Será que ele tem razão? Deus nos castiga? Mas por quê?".

Mário não conseguia dormir; deitado no sofá ficou pensando:

"Se o acaso existe, é Deus que não existe! Mas se Deus existe, tem de haver explicações para esse nenê ter nascido deficiente. E se tem uma causa, é porque alguém pecou. Não fui eu! Sempre fui uma criança obediente, trabalhei desde pequeno. Aos dez anos já ajudava minha mãe vendendo balas nas ruas e toalhas que ela bordava. Por duas vezes até fui agredido, me roubaram as balas e ainda apanhei de mamãe. Nunca reclamei, não pedia nada a ela. Aprendi sozinho a profissão de mecânico, quando fiquei órfão, fui morar numa pensão. Meu dinheiro era contado, alimentava-me pouco e saía menos ainda. Não fui farrista, sempre fui respeitador e religioso."

– Não, não fui eu que pequei! – exclamou chorando.

3
A separação

No outro dia, ao tomar o café, ele disse à esposa:

– Lúcia, você fez algo de muito errado? Traiu-me? Esse filho é meu?

– Mário, por favor, nunca o traí, amo-o tanto – respondeu ela magoada.

– Posso lhe perdoar, se você pecou, posso perdoar e esquecer. Ele, essa criança não precisa ficar conosco. Podemos doá-lo.

Lúcia se assustou, abriu a boca e não conseguiu falar. O nenê chorou e Mário disse:

– Vá calar a boca dessa criança!

Acabou seu desjejum, saiu de casa e foi pensando pelo caminho:

"Éramos muito felizes antes de o nenê nascer. Se agora estamos sofrendo, ele é o culpado. O certo então é nos livrarmos dele. Devemos ir para longe daqui, mudar de casa, de emprego, ir para um lugar onde ninguém nos conheça e saiba que tivemos um filho deficiente. Lúcia pode não concordar, devo pressioná-la para que aceite minha sugestão. É isso, vou forçar a situação. Ela não terá escolha. Doaremos o nenê. Quero ver o que Deus vai fazer. Se Ele está nos castigando, vamos nos livrar do seu castigo!"

Assim que chegou à oficina, Mário foi conversar com seu patrão e pediu demissão.

– Quero ir embora – afirmou. – O senhor não conhece alguém para me indicar, para ir procurar trabalho?

– Por favor, Mário, pense melhor. Por que isso? Gosto de você como se fosse meu filho, está comigo há tanto tempo! Posso aconselhá-lo se está com problemas! Você não quer tirar uns dias de férias? Não? Quer mesmo ir embora? – indagou-lhe o proprietário da oficina.

– Tenho meus motivos para querer ir embora. Não quero falar deles. E não quero que insista! Não vou mais trabalhar!

– Está bem. Aqui está o endereço de um amigo que tem uma oficina mecânica num bairro distante daqui. Vou escrever a ele recomendando-o.

Acertaram tudo, ele passaria no outro dia para assinar os documentos e receber o que lhe era devido. Não se despediu de ninguém. Foi para casa. Lúcia estava amamentando o filhinho.

– Mário, venha ver o Júnior mamar! – exclamou ela, sorrindo.

– Não quero que ele se chame Júnior. Dê outro nome a ele.

– Rodrigo?

– Está bem. Lúcia, vou embora de casa. Pedi demissão do emprego – falou ele depressa.

– Mário, por Deus! Por favor! Por quê? – ela perguntou, aflita.

– Lúcia, venha comigo! Eu a aceito! Mas ele não! Não quero um filho deficiente! Vamos deixá-lo num orfanato. Lá cuidarão dele. Sei de um lugar que é próprio para os doentes como ele. Lá, essa criança será bem tratada, até melhor do que conosco. Eles sabem cuidar de crianças especiais.

– Não posso abandonar nosso filho! Não!

Lúcia chorou, o nenê assustou-se e também chorou.

– Essa choradeira me deixa louco! Repito: não quero essa criança, não sou pai dele, não quero que se chame Mário Júnior. Vou embora, e se você me ama, venha comigo, deixaremos o nenê no orfanato. Vou procurar outro emprego longe daqui, num lugar onde não nos conheçam, isso para não ver piedade no rosto dos outros ou pior, desconfiança. Se você quiser vir comigo, eu a perdoo, vamos recomeçar. Amanhã à tarde venho saber a resposta.

Saiu batendo a porta. Sua sobrinha Marisa, que estava na cozinha, ao escutar a discussão, correu e foi na vizinha telefonar para sua mãe. Marisa tentou consolar a tia. Carlos e Isabel vieram à noitinha.

– Lúcia, vou conversar com seu marido. Amanhã à tarde ficarei aqui para esperá-lo. Passei na oficina, ele de fato pediu demissão, mas o proprietário me disse que se ele quiser voltar a trabalhar lá de novo será readmitido. Todos gostam dele. Pensávamos que ele sofria com a doença do menino, mas que se acostumaria. O que ele fez é um absurdo!

– Carlos, Mário quer doar o nenê, quer que o deixemos num orfanato.

– E você? – perguntou o irmão.

– Não farei isso!

– Você está certa. Não se doa um filho por ele ser doente. Sendo deficiente é que precisará mais dos pais. Não sei por que isso ocorreu com vocês, mas vou procurar saber. E você pode contar comigo sempre. Estarei sempre ao seu lado ajudando-os.

Lúcia tentou não ficar nervosa, mas chorou muito. Sua felicidade, que lhe parecia ser tão sólida, ruiu.

"Como pode... há dias atrás éramos tão felizes e agora sou tão infeliz!"

Teve uma noite de insônia. Isabel ficou com ela.

Mário saiu de casa, pegou um ônibus, foi para o outro lado da cidade, procurou o endereço que seu ex-patrão lhe dera. Achou a oficina, conversou com o proprietário e diante da carta de recomendação, arrumou emprego. Começaria dois dias depois. Foi procurar uma pensão para ficar. Se a esposa viesse, alugaria uma casa para eles.

Esperançosa, Lúcia pensou que o esposo, sozinho, passando uma noite fora de casa, iria refletir, voltaria e tudo ficaria bem.

Esforçou-se para se alimentar e aguardou ansiosa a tarde. O irmão, como prometera, saiu mais cedo do trabalho e veio conversar com Mário.

Quando o jovem pai entrou em casa, defrontou-se com Carlos, sentado no sofá da sala.

– Mário, estou esperando-o para conversarmos.

– Espero que não se intrometa em nossa vida.

Carlos não se alterou, continuou a falar:

– São muitas as vezes que nossos planos não dão certo. Tentamos entendê-lo, mas você passou do limite. Todos nós ficamos chateados pelo nenê ter nascido com deficiência. São muitos os casais que têm filhos especiais, superam isso e vivem bem. Por que você não o aceita? Por que está culpando Lúcia?

– Carlos, você conhece bem sua irmã? Se não fui eu que pequei, então foi ela. Deus a castigou! E, se não foi ela quem pecou, não temos de ficar com o nenê. Se Deus o fez por acaso, que tome conta dele!

– Mário, não fale desse modo! – pediu Carlos. – Será que não podemos achar outra explicação? Por que você age assim?

– Não quero discutir com você. Vim aqui para saber a resposta de minha mulher.

– Você vai abandoná-los mesmo? Não percebe que Lúcia sofre?

– Mais do que eu? Lúcia! – gritou Mário. – Venha aqui! Estou esperando sua resposta. O que decidiu?

Lúcia, que estava no quarto, foi à sala e respondeu com voz suplicante:

– Mário, por favor, não nos abandone! Amo você! Reflita! Fique conosco!

– Não! – respondeu ele, secamente.

Pegou duas malas que estavam em cima do roupeiro e foi colocando suas roupas dentro delas.

Lúcia chorou, implorou.

– Pare, Lúcia! – pediu Carlos. – Deixe-o! Talvez ele necessite ficar sozinho para pensar.

Mário saiu sem falar mais nada. Isabel veio fazer companhia e dormiu com ela. Lúcia chorou muito.

– Ele voltará! Vai refletir e voltará! – Isabel consolou-a.

Lúcia preferiu acreditar que o esposo voltaria. Sentindo-se fisicamente bem, na tarde seguinte, agradeceu a todos os seus familiares e afirmou que não precisava mais de companhia. Eles tinham seus afazeres e ela teria de aprender a viver somente com o filhinho. E passou a chamar o nenê de Rodrigo.

Fazia 15 dias que ele fora embora e não dera notícias.

– Minha irmã – disse Carlos –, temos de registrar Rodrigo. Vou procurar o Mário. Informaram-me na oficina o local onde ele está trabalhando. Vou lá hoje à tarde.

Embora magoada, Lúcia recomendou ao irmão:

– Carlos, por favor, peça para ele voltar. Diga ao meu marido que necessitamos dele aqui em casa.

Carlos foi procurar o cunhado. Mário, ao vê-lo, nem o cumprimentou e com um gesto de mão convidou-o a ir para um canto da oficina.

– Mário, você não vai voltar para sua casa? Amava tanto Lúcia – disse Carlos.

– Amava. Ela preferiu a criança; que fique com ela. Não volto!

– Temos de registrar a criança – falou Carlos.

– Registrem vocês, ele não é meu filho.

– Mário, não fale assim. Não pode dizer isso somente porque o nenê é doente.

– Não é por isso que falo, é porque acho mesmo que ele não é meu filho.

Carlos avançou sobre ele e lhe deu um murro no nariz, que sangrou. Os outros empregados da oficina aproximaram-se e seguraram Carlos, que gritou:

– Mário, estou perdendo a paciência com você! É um absurdo! Você está errado pensando assim!

Pediram que ele saísse. Carlos foi embora com raiva de Mário e com muita pena da irmã. Contou-lhe tudo o que aconteceu e ela chorou muito. Registraram Rodrigo, conseguiram fazê-lo pela certidão de casamento.

Passaram-se três meses. Lúcia tentava aparentar calma, mas chorava sozinha à noite. Desejava tanto que fosse tudo diferente. Não conseguia entender o esposo nem suas atitudes. Aflita pensava: "Será que ele nunca me amou? Será que tem outra pessoa? Por que não conseguiu amar o filho?".

Por que e mais por ques... sofria sem respostas. Mas não perdia a esperança, imaginava o marido voltando e pedindo perdão. E enquanto esperava, desdobrava-se em carinho e atenção ao filhinho, mimava-o falando baixinho:

– Eu o amo, filhinho! Farei tudo por você! Tudo mesmo! Pode confiar na mamãe!

E, com toda certeza, Rodrigo sentia-se protegido.

As prestações da casa estavam atrasadas. Lúcia convidou sua família a almoçar num domingo em seu lar. Agradeceu-lhes:

– Sou muita grata a Deus por ter me dado um lar com irmãos que me amam tanto. Quero agradecer-lhes por tudo. Sem vocês, não sei o que seria de mim e de Rodrigo. Não sei se Mário volta e não posso ficar somente esperando, tenho de organizar minha vida. De uma coisa tenho certeza: não vou abandonar meu filho! Não tenho como pagar o financiamento desta casa e custear nossas despesas com o que ganho. Quero contar sempre com a ajuda de vocês, mas quero me sustentar sozinha. Então decidi: vou voltar para a casinha em que morávamos. Assim fico perto de Carlos e de Isabel. Vou continuar trabalhando.

Concordaram com ela. Os cunhados, já no outro dia, arrumaram outra casa para a família que alugava a casinha de Lúcia se mudar. Reformaram-na e fizeram a mudança na semana seguinte.

Foi muito triste para Lúcia voltar somente com o filhinho, à casa em que havia morado com sua mãe, e depois recém-casada. Os vizinhos, todos conhecidos, foram solícitos, auxiliaram na mudança e ofereceram ajuda.

Embora cansada, não dormiu bem na primeira noite. Parecia que faltava algo: Mário, e que ele voltaria a qualquer instante. Não se conformava. Havia pouco tempo era tão feliz, depois tudo mudou, de repente demais.

Carlos, no outro dia, procurou Mário na oficina. Nem o cumprimentou, deu-lhe as chaves da casa e falou:

– Não precisa ficar nervoso, vim aqui somente para lhe informar que Lúcia mudou-se. As prestações da casa estão três meses atrasadas. Como ela está financiada em seu nome e vazia, cabe a você resolver esse assunto.

Mário balançou a cabeça afirmativamente. Carlos virou-se e deu alguns passos, resolveu voltar, aproximou-se do ex-cunhado novamente e falou:

– Embora você não tenha perguntado, Lúcia e seu filho estão bem e com certeza não precisarão de você.

Foi embora.

Lúcia ia sempre acompanhada de Isabel levar Rodrigo ao pediatra, e o médico afirmava que ele estava bem.

Vencidas a licença-maternidade e suas férias, Lúcia, como já estava combinado, passou a trabalhar em casa. Traziam as peças de roupas para serem costuradas e vinham buscar. A casa – sala e cozinha em um só ambiente mais quarto e banheiro – foi modificada. Na sala, a máquina de costura e no sofá as peças de roupas.

Ela se organizou: cuidava de Rodrigo, fazia as tarefas de casa e costurava.

Rodrigo fez seis meses. Ela ainda esperava por Mário, sonhava com a sua volta, que ele lhe pedia perdão, que abraçava o filho e que seriam felizes novamente.

Carlos lhe contou que Mário vendera a casa, e ela ficou muito triste. Pensou bastante e concluiu:

"Se ele não volta, talvez seja por vergonha ou até por achar que eu não o quero mais. Vou procurá-lo!"

Pediu ao seu sobrinho Marcelo, filho de Carlos, para sair com ela. Ele aceitou contente. Toda a sua família a ajudava. As sobrinhas gostavam de pajear Rodrigo, sempre que vinham à sua casa. Passeavam no carrinho com ele e, às vezes, auxiliavam-na na limpeza da casa. Enfim, faziam companhia a ela sempre que possível. Carlos pagava o imposto predial, a água e a energia elétrica; as irmãs traziam alimentos e roupas e com o que ela ganhava comprava remédios e leite para o filhinho.

Arrumou-se e vestiu em Rodrigo a sua roupinha mais bonita. Pegaram o ônibus e Marcelo lhe perguntou:

– Aonde vamos, tia?

– Vou conversar com Mário.

– Meu pai sabe disso?

– Não, ninguém sabe. Marcelo, tenho de tentar conversar com ele, nossa separação foi muito confusa.

– Será que tio Mário mudou sua maneira de pensar? Não vai querer deixar Rodrigo num orfanato? Você, titia, o abandonará? Não quero meu priminho longe de nós! Gosto dele e quero-o por perto! Vou ajudá-la a cuidar dele. Tenho ajudado, não é?

– Você tem – e muito! Todos têm me ajudado. Não, Marcelo, não vou abandonar meu filho. Venho na esperança de que Mário, ao vê-lo, entenda que também deve amá-lo e cuidar dele.

Marcelo não falou nada, apenas balançou a cabeça como se duvidasse. Desceram do ônibus.

– Pelo endereço e pelo que Carlos comentou, a oficina em que ele trabalha é aquela – falou Lúcia.

– Vá você, titia, fico aqui e seguro a sacola. É melhor vê-lo somente com Rodrigo.

Lúcia sentiu o coração bater forte, entrou na oficina, um senhor a atendeu.

– Boa tarde, o que a senhora deseja?

– Boa tarde. Gostaria de falar com o Mário.

– Ele não trabalha mais aqui.

– Não? O senhor sabe onde posso encontrá-lo?

– Não.

O proprietário foi chamado, mas ninguém sabia para onde ele fora. Indicaram a pensão onde morava.

– Quem sabe lá a senhora obtenha informações.

Lúcia teve vontade de chorar, saiu da oficina, chamou por Marcelo e contou a ele.

– Vamos para a pensão, venha comigo.

Lá também não conseguiu nenhuma informação. A proprietária comentou:

– Mário falava muito pouco, trabalhava demais. Num sábado pela manhã me comunicou que ia deixar o quarto, me pagou e foi embora. Infelizmente não sei para onde.

Lúcia agradeceu, apertou Rodrigo e exclamou baixinho:

– Você tem a mim, filhinho, eu o amo e não vou abandoná-lo nunca!

Foram para o ponto de ônibus. Marcelo a abraçou:

– Titia, não fique triste! Eu que sou primo não teria coragem de abandonar Rodrigo. Se um dia eu tiver um filho doente, vou amá-lo dobrado.

Lúcia deu um beijo em Marcelo. O sobrinho tinha somente 13 anos e pensava como um adulto ajuizado. No ônibus, ela chorou.

– Não chore, tia – pediu Marcelo.

– Não vou chorar mais.

Em casa chorou muito.

– Não devo esperá-lo mais. Essa separação foi definitiva. Não consigo entendê-lo. Por que isso?

Mas ainda assim o esperava. Às vezes, quando batiam à porta, seu coração disparava, corria para abrir e se decepcionava.

Os dias passavam lentos e rotineiros. Alegrava-se somente com Rodrigo. Todos vibravam com seus progressos.

– Titia, venha ver Rodrigo – chamou Marina, sua sobrinha –, ele aprendeu a bater palmas. Bate palminhas para a mamãe ver. Bate!

Ele bateu, Lúcia emocionou-se. E Rodrigo foi aprendendo a sentar-se, a fazer barulho com a boca, a dar tchau.

"Que pena que Mário não está aqui para vê-lo! Não o está vendo crescer!", pensava Lúcia.

E Mário não voltou.

4

Mudança

Mário, quando decidiu ir embora, mudar-se, tinha certeza de que a esposa iria com ele.

"Lúcia me ama, virá comigo, começaremos de novo. Trabalharei muito e logo tudo será esquecido. Não temos de ficar com o filho doente. Se a deixo pensar muito, todos se intrometerão, não quero opiniões. Longe da família dela será melhor. Seremos felizes de novo."

Passou a noite no quarto de pensão esperançoso. No outro dia, decidiu que iria em casa e Lúcia, com toda a certeza, aceitaria deixar a criança no orfanato e viria com ele. Alugaria uma casa, faria a mudança, e locaria a casa em que moravam. Ela iria procurar emprego e com certeza acharia, pois era responsável e trabalhadeira. Consultariam médicos, porque Lúcia não engravidaria sem tratamento, e se estivesse tudo bem, arrumariam outros filhos e esse seria esquecido.

Tinha certeza de que a esposa escolheria a ele. Mas, ao entrar em casa e ver o cunhado, ficou nervoso e pensou:

"Lúcia comentou, a família já se intrometeu".

Ao escutá-la implorando para ficar, percebeu que ela não iria com ele, sentiu-se desprezado, trocado e muito infeliz. Arrumou suas roupas nas malas e saiu de casa esforçando-se para não chorar. No ônibus, lágrimas escorreram-lhe pelo rosto.

"Lúcia não me quer. É difícil de acreditar mas... com certeza ela tem outro, o pai do menino. Não me quis!"

No quarto da pensão, chorou muito e resolveu:

"Não vou voltar. Trocou está trocado! Tenho de me conformar, ela o escolheu!"

Ao arrumar suas roupas no armário, todas bem lavadas e passadas, ficou muito triste e chorou de novo.

Procurou trabalhar muito para não ter tempo de pensar. Sentia-se muito infeliz.

"Talvez Lúcia mude de opinião. Ficando sozinha, ela sentirá minha falta, eles sabem onde estou, o proprietário da oficina onde trabalhei pode lhes informar."

Quando, semanas depois, Carlos entrou na oficina, o coração de Mário disparou, tentou ver se Lúcia o acompanhava. Teve esperança de que o cunhado vinha buscá-lo e que sua esposa tinha dado o nenê. Decepcionado por não vê-la, ofendeu-o e não ficou somente com o nariz machucado como ferido interiormente. Quando o cunhado saiu, os companheiros quiseram saber do porquê da agressão.

– Nada – respondeu secamente. – É assunto meu e vocês não têm por que saber.

Os novos colegas de trabalho não gostavam dele. Não fez amizade com ninguém, conversava pouco e trabalhava muito. Ficaram desconfiados achando que ele era sem dúvida uma má pessoa. Passaram a tratá-lo com grosseria.

Quando Carlos voltou a procurá-lo alguns meses depois e entregou as chaves da casa, ele teve certeza de que Lúcia o desprezava, que não o amava mais.

No outro dia, faltou ao trabalho e foi ao banco onde a casa fora financiada e voltando mais duas vezes conseguiu acertar e passar para outra pessoa o financiamento.

Não gostava da pensão onde se instalara, no trabalho os colegas eram hostis; ou seja, não estava bem. Achando que Lúcia não o queria, que realmente o trocara pela criança, resolveu ir embora dali para outro bairro distante.

"Preciso esquecer! Preciso! Talvez se eu mudar, as lembranças fiquem, não me acompanhem."

Deixou o emprego, a pensão, pegou um ônibus que o levou para o centro da cidade. Não sabia para onde ir. No centro da cidade, ficou parado pensando que rumo tomaria. Duas senhoras pararam perto dele e uma delas comentou com a outra sobre o bairro onde residia. Falou muito bem, que era tranquilo, limpo, pessoas boas etc.

Mário então tomou uma decisão e foi para esse bairro. De fato, o achou agradável, andou uns dois quarteirões, viu uma pensão com bom aspecto, entrou, alugou um quarto, gostou do lugar. Saiu para procurar emprego. Entrou numa grande oficina mecânica. O proprietário estava precisando de empregado e lhe propôs:

– Este caminhão está quebrado. Se achar o defeito e consertar, está empregado.

Mário era bom profissional, num instante achou o defeito e consertou o veículo. O proprietário gostou do seu empenho e o empregou.

Mário gostou dali e agiu diferente. Foi agradável, fez amizade com os colegas e explicou:

– Meus pais morreram, sou sozinho, tenho dois irmãos que moram longe. Briguei com meu ex-patrão, vim para cá procurar trabalho e achei.

Ninguém quis saber mais. Saía com os colegas solteiros, ia ao cinema, bar, porém não bebia. Parecia alegre, mas, ao ficar sozinho, lembrava-se de Lúcia, tentava ter raiva dela.

"Ela preferiu o outro! Essa criança doente roubou-a de mim! Devo esquecê-la!"

Fazia uns seis meses que estava ali, quando conheceu Sônia, uma mulher trabalhadeira, separada do marido e com dois filhos. Passaram a namorar. Mário, carente, queria companhia, alguém para conversar, que cuidasse dele. Sônia também estava se sentindo como ele. Após meses de namoro, foram morar juntos. Mário gostou de ter novamente uma casa, a pensão era muito solitária. Passaram a dividir as despesas, Sônia trabalhava como manicure num salão de cabeleireiro.

Os dois filhos dela, meninos, um com sete e outro com nove anos, o aceitaram. Porém, ele não podia dar palpite na educação deles, ela não permitia.

Mário era enérgico, queria que os dois se comportassem melhor, mas, para não ter brigas, não opinava. Continuou infeliz. Pensava muito em Lúcia e às vezes ficava imaginando o que ela estaria fazendo.

Um dia, falando sobre filhos, Sônia sondou-o:

– Você não tem vontade de ter filhos?

– Não – respondeu Mário secamente. – Não quero ter filhos. Tenho medo de que possa nascer doente. Você não está me cobrando, não é? Já tem dois.

– Se você quisesse, eu teria. De fato, tenho dois, mas você não tem nenhum. Quanto a uma criança nascer doente, é um risco.

– Risco? Você sabe o porquê? O porquê de uma criança nascer com deficiência mental?

– Acho que quando uma criança nasce deficiente, ela, ao morrer, vai para o céu – respondeu Sônia.

– Ora! Que injustiça! Você não está sendo inteligente pensando assim! – falou Mário, exaltado.

– Não precisa me ofender. Para onde você acha que irá ao morrer uma criança doente?

– Desculpe-me, Sônia, não quero ofendê-la. É que acho estranho. Deus faz um ser doente para depois lhe dar o céu; é o mínimo que Ele, o Todo-Poderoso, pode fazer depois desse acaso. Mas então Ele é injusto conosco: nos fez sadios e podendo errar, expondo-nos a ir para o inferno.

– É, analisando assim, parece esquisito – opinou Sônia.

– Você amaria um filho doente? – quis saber Mário.

– Talvez mais que os outros. Amo meus filhos e se um deles fosse doente ou ficasse, tentaria ser melhor e amá-lo mais.

– Sônia, você daria para adoção um dos seus filhos?

– Você não quer que me separe dos meus filhos, quer? – perguntou Sônia se espantando.

– Claro que não – respondeu Mário. – Pergunto somente por curiosidade.

– Uma mulher que dá um dos seus filhos não merece ter o título de mãe, embora algumas tenham grandes dificuldades e fortes razões para isso. Mas, se não tiver motivo, mãe nenhuma deve se separar de seus filhos.

– Na sua opinião, um filho retardado é motivo para doá-lo?

– Nunca! E não fale usando esse termo. Diga "com necessidades especiais".

Sônia foi à cozinha fazer o almoço e Mário sentiu um aperto no peito e pensou:

"Talvez Lúcia seja como Sônia, uma mulher que merece o título de mãe".

Passaram dois anos juntos. Sônia e Mário não discutiam, mas um era indiferente para o outro. Os meninos, mais crescidos, respondiam com grosserias para ele. Sônia o chamou para conversar.

– Mário, você é feliz comigo?

– Estou bem – respondeu ele.

– Não foi isso que perguntei – insistiu ela.

– Não, não estou feliz. Seus filhos agora não me aceitam mais, você os prefere a mim.

– Não é isso, Mário. Você fala pouco de si e foi você que não os aceitou. Até a mim. Nunca me amou. Você ainda a ama.

– Não tenho outra – afirmou Mário e pensou:

"Sônia tem razão, não a amo e nem as crianças. Eles talvez tenham percebido que não são amados por mim e não me querem bem".

– Sei que externamente existe somente eu – falou Sônia. – Mas, interiormente, lá no fundo do seu coração, há a outra: Lúcia. Não se espante, sei o seu nome por ouvi-lo. Você, dormindo, já pronunciou esse nome muitas vezes. Não sei o que aconteceu, por que se separaram, mas você nunca deixou de amá-la. Tentei fazê-lo esquecê-la, mas acho que não consegui. Mário, quando veio morar conosco, eu tinha os meninos, não os preferi a você. Eles são meus, não entende? Filhos são diferentes, nós os amamos de outra maneira.

– O que você sugere, Sônia? – perguntou Mário.

– Que nos separemos. Se nesse tempo não consegui que me amasse, não adianta tentar mais. Arrume um lugar para ficar e vamos nos separar. Acho que mereço ser amada!

– Você merece, Sônia! Perdoe-me! – concordou ele.

– Mário, por que você não a procura?

– Não quero falar disso. Fui trocado!

– Sinto muito! – lamentou Sônia com sinceridade.

Mário voltou a morar na pensão, mas resolveu que iria embora dali.

"Acho que devo mudar de novo", pensou ele. "Conhecer outras pessoas, tentar esquecer o passado... Quanto mais quero esquecer, mais recordo-o. Falo o nome daquela ingrata que me trocou enquanto durmo. Não quero mais dormir com ninguém. Achei que iria gostar de Sônia, não consegui. Somente me envolverei com outra pessoa se tiver certeza de que conseguirei amá-la. Não quero fazer ninguém sofrer. Será que fiz Lúcia sofrer? Ela escolheu o filho. Mas será que teve escolha? Será que agi certo? Levamos, ao mudar, para onde vamos, nossas incertezas e dúvidas. Como gostaria de deixar aqui esses sentimentos e ir somente com entusiasmo e certezas. Mudar a nós mesmos requer muito esforço. Vou fazer mais uma mudança externa mas vou me empenhar para mudar interiormente."

Pediu demissão, seu patrão tentou fazê-lo mudar de decisão, mas Mário resolveu ir embora mesmo. Deu a metade do dinheiro que recebeu para Sônia. Os colegas e amigos fizeram para ele uma festa de despedida, no sábado à noite.

"É bom ser agradável, eles sentem por eu ir embora", pensou.

Na festa, teve bebida, mas ele não bebeu nada, fizeram discursos. Despediu-se de todos com abraços, prometeu voltar para visitá-los.

Não dormiu, ficou no quarto e, com cuidado para não fazer barulho, arrumou suas malas. Cedinho, deixou a pensão, já tinha pago adiantado pelo quarto. E, para que a proprietária não ficasse preocupada, deixou um bilhete dizendo que havia antecipado sua partida; agradeceu e deixou abraços a todos.

Domingo de manhã, ônibus vazios, foi para o bairro escolhido. Dessa vez já tinha arrumado um lugar para morar, outra pensão. E, pelo jornal, nos classificados, uma oficina mecânica para trabalhar. Visitou-a, foi entrevistado e contratado, estava empregado. Não deu essas informações aos amigos. Eles achavam que ele iria embora somente no outro fim de semana e ninguém sabia para onde.

"Por que não mudo de sentimentos? Por que guardo rancor? Tenho mágoa de Lúcia por ela ter me trocado, ter preferido ele a mim. Não entendo por que Deus me fez isso. Nunca mais fui à igreja nem orei. Sinto-me vazio e sofro. Mudar de lugar é fácil, difícil é nos mudar por dentro. Vou começar de novo! Tomara que essa seja de fato uma mudança!"

Podemos mudar somente a nós mesmos. A outros podemos instruir, transmitir preceitos, orientar e, o mais importante, dar exemplos. Mas cabe a cada um de nós se modificar.

Instalado, começou a trabalhar.

5
Reencarnação

Lúcia, com o passar do tempo, tornou-se mais tranquila; ainda esperava por Mário, mas suas esperanças foram escasseando. Trabalhava muito, e o trabalho era para ela uma terapia. Cansada, dormia e não tinha tempo para ficar pensando.

Seus familiares continuavam ajudando-a muito e todos amavam Rodrigo, que era mimado e paparicado.

Meses depois que Lúcia se mudou, vieram residir na mesma rua, duas casas após, Cecília e a família. A casa em que se instalaram foi construída por eles. As duas tornaram-se muito amigas.

Cecília era calma, tranquila e muito bondosa. Era casada, seu marido era atencioso, amoroso, e eles tinham três filhos: um mocinho e duas meninas. Embora com problemas, porque dificilmente encarnados não têm muitas dificuldades, eram felizes, alegres e sempre dispostos a auxiliar. Cecília ia muito à casa de Lúcia, suas filhas gostavam de passear com Rodrigo e ele gostava muito delas. Foi Cecília que alertou Lúcia:

– Você precisa levar Rodrigo ao dentista!

Ela os acompanhou ao dentista. Rodrigo estava com cáries, Cecília ajudou a pagar o profissional. Também aconselhou Lúcia a colocá-lo numa escola especializada, a Apae,[1] e também a levá-lo a um fisioterapeuta, para ele fazer exercícios. Cecília e as filhas levavam Rodrigo tanto à escola quanto ao fisioterapeuta, vários dias por semana. Rodrigo desenvolveu-se bastante com essas atividades. Gostava muito de ir à Apae, onde conseguia aprender muitas coisas. E Lúcia sempre exclamava agradecida:

– Como existem pessoas bondosas! Que instituição maravilhosa é essa Apae! Benditas sejam essas pessoas que ajudam outras com deficiências.

Lúcia contou a Cecília tudo o que lhe acontecera e queixou-se.

– Queria entender o porquê de Rodrigo ter nascido assim. Sou uma pessoa religiosa, temente a Deus e não

---

1. Associação dos Pais e Amigos dos Excepcionais. Para obter mais informações sobre a instituição, veja o *site* www.apaesp.org.br. (Nota do Editor)

pequei. Tenho certeza de que não cometi nenhuma maldade. É difícil aceitar "Deus quis". Como me faria bem compreender!

– Você já ouviu falar em reencarnação? – perguntou Cecília.

– Não entendo direito o que é isso – respondeu Lúcia. – Já ouvi falar. Escuto muito: na próxima encarnação quero ser rico, ou nascer homem ou mulher, ser branco etc.

– Lúcia – falou Cecília, pausadamente –, você seria capaz de infligir a um filho, ou a uma pessoa, um castigo sem lhe dar pelo menos uma chance de se modificar? Mesmo que ele tivesse lhe feito uma maldade?

– Não! – respondeu Lúcia. – Mário me fez mal, mas não quero que ele sofra, quero que esteja bem. Acho que ninguém merece ser castigado sem condições de se melhorar.

– Deus é nosso pai? Mãe?

– Acredito que sim, Ele é nosso Criador. Somos seus filhos.

– Se você e eu achamos que não castigaríamos ninguém sem lhe dar uma chance de se melhorar, acha que Deus faria isso? – perguntou Cecília.

– Acho que não. Mas existem os mistérios.

– Mistérios que podemos compreender – esclareceu Cecília. – Pela reencarnação, compreendemos a misericórdia do nosso Criador. Você já pensou, Lúcia, que há tempo a Terra é habitada e que vivemos agora, em média, 60 anos? E o que são 60 anos diante de milhares? A humanidade tem progredido em conhecimentos. Deus criou nosso espírito e temos aprendido vestindo diversos corpos físicos em diferentes lugares e situações.

– Você está tentando me explicar que pela reencarnação voltamos muitas vezes a viver na Terra para aprender? – perguntou Lúcia.

– O objetivo é esse – elucidou Cecília. – E quando se recusa a aprender pelo amor, a dor também pode ensinar. Somos livres para praticar ações boas ou más e as consequências dessas ações voltam para nós. Quando imprudentemente agimos errado, não há castigos sem fim, a reação pode ser de sofrimento, mas é passageira, dura de acordo com a necessidade de cada um. Deus nos dá oportunidades de reparar nossos erros, de aprender com o sofrimento para progredirmos.

– Rodrigo pode ter agido errado, não foi para o inferno, seu espírito voltou a nascer em um outro corpo, deficiente, para aprender pela dor porque recusou o aprendizado pelo amor. É isso que você quer me explicar?

– Sim, Lúcia, é isso. Nada é por acaso. Para tudo existem explicações. Rodrigo, no passado, deve ter feito algo de que se arrependeu muito – o que danificou seu corpo espiritual e se refletiu no seu corpo físico.

– Acreditar nisso não é perigoso? Achando que ele errou, deve pagar, que é merecido e deve sofrer? – Lúcia quis saber.

– Você é capaz de ver alguém sofrendo, podendo ajudar e não fazê-lo?

– Não! – exclamou Lúcia, respondendo rápido.

Cecília sorriu tranquilamente e continuou a esclarecer à amiga:

– Jesus nos recomendou "fazer aos outros o que gostaríamos que fizessem por nós".[2] Deus quer que ajudemos uns aos outros. Isso é caridade. Quem de nós não precisa de auxílio? É ajudando que se é ajudado. Pela reencarnação, entendemos as muitas causas do sofrimento e também que devemos ser fraternos, benevolentes para receber o retorno de nossas boas ações.

– Então está certo dizer que nasceu assim porque errou – deduziu Lúcia.

– Não devemos pensar no que fizemos no passado, mas no que estamos fazendo no presente. Existe a lei do retorno, tanto para ações ruins como para as boas.

– Eu, sendo a mãe dele, devo ter pecado também.

– Lúcia – continuou Cecília explicando –, lembro-a da parábola da adúltera em que Jesus disse: "Quem de vocês não tiver pecado, atire nela a primeira pedra".[3] Ele compreendia nossas fraquezas e necessidades e disse para aquela mulher: "Vá e não peques mais!". Não devemos pensar em erros, principalmente nos dos outros, nem julgar. E não sofremos somente porque erramos. Sofremos junto dos que amamos e às vezes preferimos sofrer no lugar deles. Você, Lúcia, não deu Rodrigo em adoção, preferiu

2. Allan Kardec, *O Evangelho Segundo o Espiritismo* (São Paulo, Petit Editora, 1997), Cap. 11, item 4. (N.E.)

3. João, 8: 8. (Nota do Autor Espiritual)

ficar com ele. Será que você não fez essa escolha antes de reencarnar? Ama-o tanto que o quer perto de você.

– Sim, Cecília, você tem razão. Amo meu filho e devo ser grata a Deus por estar perto dele. Que religião você segue para entender tudo isso?

– Sou espírita. São várias as religiões que compreendem a reencarnação e muitas são orientais. A Doutrina Espírita é consoladora e esclarecedora, nada é mistério para nós, tudo é explicado, levando-nos a raciocinar.

Cecília foi embora e Lúcia ficou pensativa.

"Acho que a reencarnação explica por que meu filho tem essa deficiência. Quero aprender mais."

Quando Cecília convidou Lúcia a ir ao centro espírita receber um passe, ela a questionou:

– É como benzer? Rodrigo pode ir? Não o levo na missa, ele não fica quieto. O padre me disse que se eu não tiver com quem deixá-lo, não peco se não for.

– Lúcia, como já lhe falei, Deus quer que nos ajudemos. Um filho Dele auxiliando a outro. Passe é transmissão de energias. Os passistas, juntamente com espíritos bondosos, ao darem passe, retiram da pessoa que o está recebendo as energias nocivas e lhes transmitem as benéficas. Embora benzimentos sejam diferentes, os objetivos são os mesmos: fazer o bem. Rodrigo pode ir. Antes das palestras, uma equipe de passistas aplica passes nas crianças e nas mães que não podem ficar.

– Eu vou! – afirmou Lúcia.

Cecília os levou. Rodrigo ficou quietinho e naquela noite dormiu bem e ficou tranquilo. Lúcia passou a ir ao centro espírita com o filhinho.

– Na quarta-feira, um orador dará uma palestra sobre reencarnação. Você não quer assistir? Se quiser, fico com Rodrigo – Cecília convidou-a.

– Quero!

Lúcia ficou encantada com a clareza com que o orador falou sobre o assunto e das citações da *Bíblia*, que falavam sobre reencarnação. O palestrante a fez pensar quando indagou:

– Se nossa existência é única, como será que na espiritualidade conviverão o selvagem com o homem instruído? O instruído teve como se aperfeiçoar e o outro, não. E se um não teve condições de aprender, ficará sem instrução? E as crianças que morrem em tenra idade, e não puderam fazer o bem nem o mal, ficarão entre os eleitos? Os que morreram adultos puderam fazer o bem ou o mal, sentiram-se prejudicados? Uns foram privilegiados? E por quê?

"Admitindo-se as existências consecutivas, tudo pode ser explicado. O que não puder ser feito numa existência, poderá ser feito em outra. É assim que ninguém escapa à Lei do Progresso. A todos são dadas oportunidades."[4]

---

4. As indagações que impressionaram Lúcia, o orador tirou-as de *O Livro dos Espíritos*, de Allan Kardec, Parte 2ª, capítulo 5, "Considerações sobre a pluralidade das existências". (N.A.E.)

Encerrada a palestra, Lúcia saiu rápido, não queria abusar de Cecília, que estava com Rodrigo em sua casa. Encontrou os dois brincando na sala.

– E então, Lúcia, gostou da palestra? – quis saber Cecília.

Lúcia sentou-se no sofá, suspirou, enxugou umas lágrimas e emocionada respondeu:

– Há muito tempo queria ter certeza de que Deus é justo. Queria muito mesmo entender o porquê de Rodrigo ter nascido deficiente. Orei muito, roguei a Deus que me fizesse compreendê-Lo. Sou grata por Ele ter me atendido. Tudo o que escutei sobre reencarnação parece que eu sabia, que estava dentro de mim encoberto e que o véu foi retirado. Obrigada, Cecília.

A amiga também chorou e a abraçou.

– Se quiser, trarei a você alguns livros espíritas para ler. Quer?

– Quero!

Aliviada, Lúcia naquela noite orou com alegria. Olhou Rodrigo dormindo na cama ao lado da sua, beijou-o e falou comovida:

– Filhinho, eu o amo! Vou estar sempre ao seu lado. De agora em diante vou me orgulhar mais ainda de você!

Agradeceu a Deus pela oportunidade de reparar erros, de aprender e de estar perto de afetos.

De manhã, Cecília lhe trouxe *O Evangelho Segundo o Espiritismo* para ler. À noite, Carlos e Isabel foram visitá-la e a encontraram alegre; eles notaram a diferença e quiseram saber o porquê. Lúcia, contente, lhes falou o que entendera sobre reencarnação. Seu irmão comentou:

– Essa teoria não se choca com meu raciocínio, é coerente! Vou também ao centro espírita e quero ler esse livro, *O Evangelho Segundo o Espiritismo*.

Quando Rodrigo foi dormir, Lúcia pegou o livro de Allan Kardec e começou a ler onde Cecília tinha deixado um marcador: Capítulo 4 – "Ninguém pode ver o reino de Deus se não nascer de novo".

– Quantas citações dos Evangelhos! – exclamou Lúcia admirada. – Que texto interessante é este em que Jesus interrogou os seus discípulos sobre quem eles acreditavam ser Ele.[5] Vou grifar este outro parágrafo: "Jesus afirma que Elias voltou (reencarnou) como João Batista".[6] E a conversa que Jesus teve com Nicodemos, que não nos deixa dúvidas: o Mestre afirmou "Ninguém pode ver o reino de Deus se não nascer de novo".[7]

Lúcia pegou sua *Bíblia* e conferiu todas as passagens citadas.

– É isso mesmo! Por que será que não as compreendi antes?

Gostou demais das explicações dadas no livro. Leu-as de novo.

---

5. Mateus, 16: 13 a 17; Marcos 8: 27 a 29. (N.A.E.)
6. Mateus, 17: 10 a 13; Marcos 9: 10 a 12. (N.A.E.)
7. João, 3: 1 a 12. (N.A.E.)

– Jesus disse claramente que necessitamos nascer de novo! – exclamou alegre. – E como é bom acreditar na justiça de Deus e que somos amados por Ele!

Cecília, curiosa para saber se Lúcia tinha gostado do livro, foi no outro dia à sua casa e a anfitriã ao ser interpelada respondeu emocionada:

– Nunca li algo tão esclarecedor! Embora tenha sido a primeira vez que o li, esse assunto não me era desconhecido. Foi tão bom para mim saber sobre reencarnação! Sinto muita paz ao ter certeza de que Deus me ama, que não cometeu injustiça comigo nem com Rodrigo. Como é bom acreditar que o acaso não existe!

– Lúcia, trouxe para você este recorte de um jornal espírita, fala sobre reencarnação. É uma oração.

Lúcia leu em voz alta:

"Graças lhe dou, Pai Celeste, pela oportunidade da reencarnação, nesta escola terrena onde aprendemos a amar, a perdoar, onde podemos tirar lições de erros para acertos futuros... Porque, de existência em existência, de degrau em degrau, o progresso nos espera com bênçãos para que alcancemos a felicidade e a paz que tanto almejamos. Felizes daqueles que amam sem sofrer e abençoados os que sofrem e aprendem a amar..."[8]

Emocionou-se e abraçou, grata, a amiga.

---

8. Oração escrita por Antônio Carlos no livro *Reconciliação*. Em 2005 foi selecionada juntamente com outros artigos para compor o livro *Sejamos felizes*, editado pela Petit Editora. (Nota da Médium)

Passou a frequentar o centro espírita levando Rodrigo para receber o passe. Dois meses depois, a coordenadora da Evangelização infantil aproximou-se de Lúcia e fez um convite:

– Lúcia, por que não traz Rodrigo para a evangelização? Às quintas-feiras enquanto os pais assistem às palestras e recebem o passe, as crianças têm aulas dos ensinamentos de Jesus.

– Mas Rodrigo é especial e não sei se ele ficará quieto – respondeu a jovem mãe encabulada.

– Ele é de fato especial, lindo e educado. Crianças não ficam quietas, por isso temos atividades interessantes. Rodrigo poderá ficar na sala das crianças pequenas. Por que não tenta?

– Eu gostaria muito.

E deu certo. Rodrigo gostou muito. Ele recebia o passe e ia para a sala com as crianças menores. Uma das filhas de Cecília o acompanhou na primeira vez. Lúcia ficou no salão, apreensiva, achando que alguém viria chamá-la para ficar com o filho, mas isso não ocorreu.

– Mamãe – disse Rodrigo ao encontrá-la na saída –, fiz este desenho para você. É um sol!

Rodrigo não falava corretamente, na escola fazia um tratamento com uma fonoaudióloga, mas todos entendiam o que ele dizia. Lúcia pegou a folha estendida, estava rabiscada e nada parecia ser o sol.

– Obrigada, filhinho! Está lindo seu desenho!

Ele sorriu contente.

A coordenadora informou-a de que seu filhinho não dava trabalho, que brincava, escutava as histórias com atenção e que as outras crianças o ajudavam. Rodrigo gostava muito de ir ao centro espírita, tanto que comentou com a mãe:

– Queria que todos os dias fossem quinta-feira para irmos ao centro.

Ele ficou mais tranquilo.

"Talvez", pensou Lúcia, "seja porque eu estou tranquila também. Desde que passei a frequentar o centro espírita, entendi a misericórdia e a justiça de Deus pela reencarnação, a Lei de Causa e Efeito, estou mais alegre, em paz. Esse meu estado de espírito reflete-se nele".

Tornou-se espírita; Carlos, Isabel e seus filhos também. Num domingo, reunidos para o almoço em família, Carlos comentou:

– Agora compreendo a minha aversão por dona Nitinha.

Todos riram. Dona Nitinha era vizinha deles. Conheciam-na desde pequenos. E Carlos nunca gostou dela. Ele falava, quando pequeno, que dona Nitinha ia bater nele e que a via com um pau com corda na mão. Quando adulto, passou a ter a impressão de que ela estava sempre com um chicote. A vida de dona Nitinha não era fácil: ficou viúva, estava sempre adoentada, tinha três filhos e um deles desencarnou deixando dois filhos pequenos. Morava sozinha depois que a filha casou-se. Carlos, sempre atencioso, bondoso com todos, não gostava nem de ver a vizinha.

– Não sei qual o motivo – continuou Carlos a falar –, mas com certeza deve haver um para eu não gostar de dona Nitinha. O passado não deve interferir no presente, porque o que passou, passou e não podemos modificá-lo. Mas o presente sim, podemos mudá-lo, principalmente nossos sentimentos. A antipatia por simpatia! E foi o que fiz. Comprei um doce de que sei que ela gosta, peguei umas flores do nosso jardim e fui visitá-la. Dona Nitinha, ao abrir a porta e me ver, olhou-me admirada.

– Oi, dona Nitinha, Como está passando? Trouxe-lhe um doce – falei.

– Obrigada! Entre! – convidou-me.

Conversamos sentados no sofá de sua sala. Admirei-me quando ela me disse:

– Carlos, você é sempre tão gentil com todos, mesmo comigo. Sempre tive a impressão de que não me suportava e me temia. Rezei muito para que você gostasse de mim.

Peguei na mão dela e falei:

– Pois eu gosto da senhora!

Olhei a mão dela que estava entre as minhas e a impressão de vê-la segurando o chicote acabou, vi a mão deformada pelo reumatismo. Foi um alívio!

– Papai convidou dona Nitinha para almoçar lá em casa. Ela foi e passamos uma tarde agradável – comentou Marisa.

– Acho – disse Carlos –, ou melhor, tenho certeza de que a reencarnação explica essa antipatia que eu sentia por dona Nitinha. E o mais importante, pôde modificar esse sentimento. E isso me fez bem!

– Agora que sei o que é reencarnação – comentou Isabel –, entendo muitas coisas. Minha irmã Denise sempre dizia que sonhava com um local, onde havia um pátio, uma igreja com um túmulo atrás dela; que estava sentada perto desse túmulo e que sofria muito. Ela nos contava que nesse sonho as pessoas a chamavam de Sinhá. Um dia, vendo uma revista, viu fotos de uma cidade histórica e exclamou:

– É esse o lugar! É com esse lugar que sonho!

Rimos dela. Mas Denise juntou dinheiro e foi nas férias com o marido a essa cidade. Reconheceu ser o local com que sonhava. Mas não havia o túmulo no fundo da igreja, e sim uma pracinha.

– O túmulo, no meu sonho, ficava aqui! – exclamou ela para o marido.

Um senhor idoso, que trabalhava cuidando do local, ao escutá-la aproximou-se e informou:

– A senhora tem razão, aqui havia, há 30 anos, um túmulo que foi levado para o cemitério da cidade. Isso ocorreu para fazerem esta praça.

O marido dela assustou-se e o senhor lhes mostrou um desenho de como era aquele lugar no passado. Denise o reconheceu. O fato ficou sem explicação, mas com muitas teorias: que ela tinha visto gravuras, confundiu-se com outros lugares vistos, que alguém lhe falou etc. Agora, conversando com ela, informei-a de que nos tornamos espíritas. Denise me contou que esse fato a impressionou tanto que também a fez procurar por explicações e que as encontrou na Doutrina Espírita. E que iam com frequência a um centro espírita perto de sua casa. Temendo críticas, não comentou conosco. Como assumimos o Espiritismo, eles também fizeram isso.

– Não entendi por que não tinham assumido – comentou Lúcia. – Deus nos fez livres para seguirmos a religião que acharmos ser a melhor para nós. Aqueles que escondem ou se envergonham de seguir uma demonstram ter preconceitos.

Carlos abraçou Rodrigo e falou carinhosamente:

– Rodrigo, meu sobrinho querido, nós temos lhe dado muito, mas você nos deu muito mais! Por você procuramos respostas e encontramos bem perto, num centro espírita. Pelos seus ensinamentos, nós, eu principalmente, me voltei a Deus. Você, meu anjinho, nos deu a melhor parte: a crença com entendimento. Você é muito importante para nós!

Rodrigo não entendeu, mas sentiu o afeto do tio. Riu e bateu palmas. Ele sempre batia palmas quando estava contente.

6

História de uma amiga

Lúcia notara, desde que conhecera Cecília, que a amiga tinha cicatrizes nos pulsos. Ela usava sempre blusas de mangas compridas, pulseiras e relógio na tentativa de ocultá-las.

Uma tarde, a amiga a visitou, sentou-se no sofá e ficaram conversando enquanto ela costurava. Rodrigo estava na escola. Cecília arrumou o relógio no pulso e Lúcia, curiosa, indagou-lhe:

– Que lhe aconteceu para ter essas cicatrizes?

– Uma tentativa de suicídio – respondeu Cecília.

– O quê?! – Lúcia exclamou espantada; parou de costurar e olhou para ela admirada.

– É uma longa história! – falou Cecília.

– Desculpe-me pelo meu espanto, não quis nem quero ser indiscreta. Estou admirada, nunca poderia imaginar que você atentasse contra sua vida, que pode ter querido morrer.

– Não, Lúcia, eu nunca quis morrer! Quis me ver livre de uma situação que me causava dor, vergonha e humilhação. Talvez seja complicado entender, mas é isso mesmo. Aconteceu comigo! Pelo meu trabalho voluntário tenho escutado muito essa afirmação, embora algumas pessoas não saibam compreender isso no momento em que estão sofrendo. Mas é isso mesmo, a maioria quer terminar com o padecimento em que estão vivendo e não sabem como.

Cecília fez uma pausa e Lúcia pensou:

"De fato, Cecília se dedica muito a auxiliar as pessoas. Faz um lindo trabalho de assistência social no centro espírita. Conversa com as pessoas com problemas e as orienta em entrevistas".

– Às vezes, nos confundimos – continuou Cecília a falar. – Não queremos abandonar a vida no corpo físico, mas nos livrar dos problemas e das dificuldades. Queremos viver, não sofrer. E a dor não se mata! Temos de achar soluções para as dificuldades, resolver os problemas e entender o sofrimento... não é fácil. Às vezes, parece que não há soluções. Mas há! Tudo acaba mesmo ficando no passado. Se tivermos paciência, o sofrimento passa, mas a vida não, porque esta não acaba. A pessoa que atenta contra si mesmo acha que se morrer tudo termina. Sabemos que não é assim. As dificuldades e os problemas aumentam e a dor se faz mais forte. Muitas pessoas com ideias suicidas ao serem indagadas querem mesmo é dar fim ao sofrimento. Eu nunca quis a morte! Queria a vida diferente. Como não sabia como resolver, não tendo paciência para esperar passar, achei que se morresse me livraria daquela situação em que me encontrava.

– Ainda bem que você não morreu! – Lúcia exclamou com sinceridade. – Você tem sido tão útil! Se não fosse por você, minha vida seria muito mais difícil.

– Você já pensou, Lúcia, que por um ato impensado modificamos nossa vida e a existência de muitas pessoas? Com certeza, se tivesse desencarnado naquela época, não teria casado nem seria mãe de meus filhos. Você encontraria outras amigas, seria ajudada, porque merece, só que não seria por mim. Às vezes, gosto de olhar para minhas cicatrizes e orar com gratidão a Deus por não ter desencarnado. Essas marcas me incentivam a auxiliar outras pessoas como fui ajudada.

Lúcia levantou-se, aproximou-se da amiga, abraçou-a e falou comovida:

– Que bom que você está aqui!

– Obrigada! – agradeceu Cecília. – Você quer escutar minha história? Terá paciência em me ouvir?

– Cecília, você já me ouviu tantas vezes! Desculpe-me!

– Por que está se desculpando? – perguntou Cecília.

– Pelo meu egoísmo. Estou sempre lhe pedindo conselhos, orientações, até às vezes me queixando. Não sei por que achei que você, por se doar tanto, não tinha nem teve problemas. Se quiser contar para mim o que lhe aconteceu, serei discreta.

– Conheço-a há tempo, Lúcia, sei que é discreta. Muitas pessoas, principalmente as que trabalham comigo no centro espírita, sabem que já tentei me matar, as causas eles sabem pela metade, poucos têm conhecimento do que me ocorreu realmente. Quero lhe contar. Falar o que nos aconteceu a pessoas de quem gostamos, principalmente se esses fatos ainda nos afligem, suaviza nossas angústias e nos sentimos melhor. Volte a costurar. Vou tentar resumir.

Lúcia sentou-se novamente em frente à máquina de costura e pôs-se a trabalhar; Cecília acomodou-se no sofá e falou pausadamente:

– Eu tinha dois irmãos mais velhos do que eu, era a caçula, morávamos em casa própria num bairro distante deste em que residimos. Meu pai era um profissional autônomo, minha mãe cuidava da casa e de nós. Mamãe sempre teve preferência pelo meu irmão do meio e sempre foi rude comigo, não me agredia fisicamente mas com palavras. A impressão que eu tinha era de que ela se esforçava para me tratar melhor. Isso não me incomodava, brincava com minhas amigas, ajudava mamãe nos serviços de casa e estudava. Antes de completar 19 anos, meu irmão mais velho, André, casou-se, a namorada estava grávida. Ele foi morar nos fundos da casa dos pais dela, num bairro distante. Meu outro irmão, com 16 anos, foi com amigos aprender a pilotar moto, isso escondido de meus pais. Nenhum deles sabia dirigir e imprudentemente se divertiam. Na vez dele, entrou na carroceria de um caminhão. Foi um acidente horrível, ele desencarnou no local. Foi um choque tremendo. Mamãe desesperou-se, pensei que ela ia desencarnar também. Foi um período de muita tristeza. No velório minha mãe acusou os amigos dele, que choravam desesperados. Ela desmaiou várias vezes. Eu estava com 12 anos.

"Foi muito triste voltar para casa, e nosso lar tornou-se um local de revolta e amargura. Vizinhos e parentes nos ajudaram, vinham nos fazer companhia, mas as visitas foram escasseando. Papai andava quieto, mamãe só chorava, eu sentia muito a ausência dos meus irmãos. Nunca tive ciúmes por esse irmão que desencarnou ser o preferido; ele gostava de mim, era alegre e brincalhão. Tanto tempo já se passou e ainda sinto sua falta, tenho saudades dele."

Cecília suspirou, fez uma pausa e Lúcia opinou:

– Posso entender a dor de sua mãe, mas ela não deveria ter agido assim. Não é certo proceder dessa forma, se fechar no seu sofrimento, esquecendo dos outros afetos e de que eles sofriam também.

– E foi isso que mamãe fez – continuou Cecília contando. – Parecia que ela não tinha mais nada. Que perdera tudo. Ficou alheia. Eu que cuidava da casa, fazia tudo, ela não reclamava, não me dava atenção nem carinho. Papai me acariciava, eu não gostava do modo como o fazia e não entendia por que ele agia daquele jeito. Mas era a única atenção que eu recebia. Mamãe passou a ir muito ao cemitério. Às vezes, eu a acompanhava, mas como ela demorava e eu tinha de fazer muitas coisas em casa, não me levou mais. O filho do meu irmão André nasceu, nós os víamos pouco. Foi em uma dessas saídas, em que mamãe foi ao cemitério, que meu pai chegou em casa, trancou a porta e me estuprou.

Lúcia fez um som com a boca, uma tentativa de pronunciar um "oh!". Parou de costurar, arregalou os olhos e ficou olhando a amiga sem saber o que fazer ou falar.

– Você não ouviu errado, Lúcia. Foi isso mesmo! Esse ato bárbaro aconteceu comigo. Ele me puxou, me levou para minha cama, eu quis reagir, fugir, mas não consegui. Senti muita dor, vergonha e desespero. Ele não falou nada. Quando acabou me advertiu: "– Cecília, não fale nada disso a ninguém! Sua mãe não vai acreditar e eu lhe darei uma surra."

"Sem saber o que fazer, chorei muito. Quando mamãe chegou em casa, pedi a ela:

– Mamãe, por favor, não saia tanto assim. Fique mais conosco.

– Por que, menina? Não quer fazer o serviço? Preguiçosa! Não quer ajudar? Não sabe que sofro?

– Também sofro! – respondi chorando.

– Entendo! Perder um irmão como o seu, um ser perfeito, só pode sofrer também. Acho certo você sofrer! Mas tenho de ir lá, ver seu túmulo, lhe fazer companhia. Não entende?

– Mas mamãe...

– Chega! – exclamou minha mãe determinada. – Vou sempre que quiser e não se fala mais nisso!

Fiquei com um medo terrível de meu pai. Fazia de tudo para não ficar sozinha com ele, mas não conseguia e ele me estuprou muitas vezes. Estava com 13 anos, sentia-me sozinha, sem coragem de contar a alguém o que meu pai me fazia. Mamãe continuava alheia a tudo com o seu sofrimento. Resolvi acabar com aquela agonia. Você entende agora, Lúcia? Eu não queria morrer, mas sim dar fim àquela situação. Mamãe saiu, sabia que meu pai chegaria, entrei no banheiro, peguei uma gilete e cortei meus pulsos. Nem senti dor, sentei no chão, o sangue escorreu, deitei no piso frio. Escutei barulho, senti uma estranha satisfação e pensei:

"Meu pai desta vez não me maltrata!".

Escutei-o gritar, sair correndo, outras pessoas me socorrendo e não vi mais nada. Acordei num leito de hospital. Um médico, nosso vizinho, veio me ver.

– Então, Cecília, como está?

– Não morri? – perguntei, baixinho.

– Você está bem.

– Que pena!

"Não morri! Tudo voltará a ser como antes. Meu pai venceu!", pensei.

Minha tia Jandira, irmã de meu pai, e minha mãe entraram no quarto. Eu estava deitada recebendo soro, abaixei os olhos quando elas se aproximaram de mim. Mamãe me criticou:

– Filha ingrata! Por que essa tentativa de suicídio? Não lhe dou exemplo? Por mais que eu sofra, não quis morrer! Deus que é injusto! Você querendo morrer e Ele leva meu filho amado! Por que não levou você?

– Cale-se! – ordenou tia Jandira. – Como você está, Cecília?

Não respondi, titia acariciou meu rosto com carinho. Mamãe me indagou:

– Por que fez isso? Por que tentou morrer?

Titia não deixou que respondesse, falou determinada:

– Cecília, você não quer vir ficar uns tempos comigo? Já pedi para seu pai, que concordou e sua mãe não se opõe.

– Ela pode ir – falou mamãe. Não tenho condições de ficar vigiando-a para que não faça de novo essa asneira.

Eu não gostava de tia Jandira, achava-a chata, mas poderia ser uma solução. Na casa dela, pelo menos não havia homens. Titia era viúva, tinha duas filhas, uma era freira e a outra trabalhava numa outra cidade e vinha somente alguns fins de semana para visitá-la.

– Você me fará companhia e eu a ajudarei – disse minha tia.

Concordei com a cabeça. E titia decidiu tudo por mim.

– Vou na casa de vocês hoje e pego todas as suas coisas, vou pedir a transferência de sua escola para uma perto do meu apartamento. O médico lhe dará alta na sexta-feira e eu virei buscá-la. Sairá daqui e vai direto comigo para meu lar.

Foi somente mais tarde que entendi que estava com uma doença venérea. As enfermeiras me ensinaram a usar um remédio e tomei muitos outros. Meu pai não me visitou, mamãe voltou mais uma vez e nessa visita conversamos pouco. Titia veio me buscar e fomos para o seu apartamento. Ela foi gentil, fez-me agrados, pediu que me sentisse à vontade, mas recomendou:

– Você, minha sobrinha, deve esquecer os fatos desagradáveis que lhe aconteceram. Aqui eu lhe garanto que nada de mal lhe acontecerá.

Não me deixava trabalhar, comprou-me roupas, blusas de mangas compridas. Estávamos no inverno, escondi os ferimentos nos pulsos que não doíam mais. Ficaram as cicatrizes no físico e marcas grandes, profundas no meu íntimo. Titia convidava minhas colegas de classe, vizinhas do prédio, garotas da minha idade a ir ao seu apartamento e nos agradava. Saía comigo, passeávamos, ela tentava me distrair, alegrar-me. Ela gostava de mim de verdade, eu já não a achava mais chata e aos poucos fui gostando dela, meses depois a amava como se fosse ela minha mãe.

– No verão, titia comprou para mim relógios e pulseiras largas e pediu que eu as usasse. Falou para todos, vizinhos e amigos, que eu por sofrer muito com a morte do meu irmão, tentei o suicídio. Que estava morando com ela porque minha mãe estava deprimida. Passei a ser muito retraída e tímida, achava que era diferente, sentia-me suja e culpada. Sim, Lúcia, sentia culpa por ter permitido a meu pai fazer o que me fez.

Tia Jandira me levava para ver minha mãe quando sabia que meu pai não estava em casa. Mamãe me abraçava, perguntava como eu estava.

– Você não quer voltar para casa? Preciso de ajuda. Fazendo o serviço de casa não tenho muito tempo para ir ao cemitério – queixou-se mamãe.

Assustei-me. Não queria voltar para casa. Ainda mais sabendo que mamãe iria sair e visitar o túmulo de meu irmão no cemitério. Titia respondeu por mim.

– Délia – nome de mamãe –, agora Cecília não pode voltar. A escola em que ela estuda não dá transferência nesta época do ano e nesse colégio perto daqui não há vagas. Depois, ela ganhou uma bolsa para fazer um curso de inglês e esse estudo é muito importante para Cecília. Ela está bem comigo.

– Você quer ficar com sua tia? – perguntou mamãe para mim.

– Quero! Por favor, deixe que eu fique! – pedi.

– Está bem. Lá você não faz nada, não é? Filho como o meu que perdi não tem outro igual. Ele não me abandonaria. Fique por lá, é melhor! – mamãe falou sentida.

Titia mudou de assunto. Na volta, no ônibus, perguntei-lhe:

– Ganhei uma bolsa de estudo de inglês? Não sabia disso.

– Pois acaba de ganhar. Eu vou lhe pagar o curso.

– Titia, não quero que a senhora gaste mais dinheiro comigo.

– Posso lhe pagar esse curso. Depois, não quero que volte para a casa de seus pais. Você quer voltar? – perguntou tia Jandira.

– Quero ficar com a senhora – declarei e agradeci com sinceridade. – Obrigada, titia!

Não mais comentamos sobre a minha tentativa de suicídio. Foi somente muitos anos depois, quando eu já estava casada e titia doente que ela me contou que sabia de tudo. E me falou o que aconteceu comigo quando cortei os pulsos. Quando papai me viu ensanguentada, gritou por socorro. Um vizinho que era médico e estava saindo de casa para ir ao trabalho me prestou os primeiros socorros e me levou para o hospital. Devo ter falado do estupro, porque me examinaram e constataram que estava com uma doença venérea. Não devo ter falado o nome de quem me fez essa barbaridade. O médico contou a titia que eu estava com uma doença sexualmente transmissível e que já tivera relações sexuais. Minha tia pediu para ele não comentar esse fato com meus pais, alegando que eles estavam traumatizados com a perda do filho. E que eu certamente tivera um namorado que terminara com o namoro me levando a cometer aquela imprudência e que se responsabilizaria por mim. Não ficou sabendo se o médico desconfiou ou não, mas ele fez o que titia lhe pediu e não comentou com ninguém.

Tia Jandira conhecia o irmão, meu pai, tinha certeza de que fora ele. Protegeu o irmão, a família de um escândalo, achou que se mamãe soubesse iria morrer de desgosto. Depois seria a palavra dele, que com certeza negaria, contra a minha. Disse-me que pensou em mim também, se o assunto viesse a público sofreria muito por comentários e seria sempre lembrada como "a menina que foi estuprada pelo pai".

Aproveitando que Cecília fez uma pausa, Lúcia indagou-lhe:

– Você acha que sua tia agiu certo?

– Não sei, Lúcia. Às vezes acho que sim. É muito triste ser alvo de comentários. Com certeza, muitas pessoas sentiriam pena de mim, mas algumas mais maldosas, achariam, como acontece infelizmente em alguns casos de estupros, que nós mulheres provocamos. Mesmo sendo menina, poderia ouvir algo assim. E titia tinha razão ao dizer que minha mãe iria sofrer muito, pois ela amava meu pai, confiava muito nele. Só que com o nosso silêncio, ele ficou sem a punição da justiça terrena.

– Acha que ele receberá o retorno de seus atos? – perguntou Lúcia.

– As boas ou más consequências de nossas ações nos pertencem! – exclamou Cecília, suspirando triste e voltou a narrar:

– Não quis mais morrer quando titia me tirou daquela situação terrível, embora continuasse sofrendo. Tia Jandira e minhas primas eram bondosas comigo. E dei valor ao que elas me ofereceram e nos tornamos grandes amigas. Mamãe não insistiu mais para que eu voltasse para casa. Vi meu pai poucas vezes, ele não se aproximava de mim, falava pouco comigo. Mas o vi algumas vezes me olhar com expressão maliciosa. Somente ia visitar meus pais com titia e quando eles vinham me ver, tia Jandira não saía de perto de mim. Sentia-me protegida.

Tinha 18 anos e não queria me envolver com ninguém. Muitos garotos queriam sair comigo, alguns até insistiam. Conheci Celso, ele era muito atencioso e charmoso. Uma de suas tias residia no mesmo prédio em que morávamos. Tia Jandira gostava muito dele e queria que eu o namorasse. Celso estava para se formar, tinha um bom emprego. Ele foi persistente e acabamos por namorar. A mãe dele, minha sogra, minha grande amiga, me agradava muito. Comecei a me preocupar quando Celso começou a falar que queria casar comigo.

"Conto a ele o que me aconteceu ou não?", pensava aflita. Estava agoniada, gostava de Celso, mas não permitiria que ele me tocasse. Ele percebeu que eu sofria e tentou me ajudar. Comentou com a mãe dele, que me convidou a almoçar na casa deles. Depois do almoço, minha sogra fez com que ficássemos nós três sozinhos e abordou o assunto com delicadeza:

– Cecília, gostaria que me contasse o porquê dessas cicatrizes em seus pulsos. Sua tia nos contou a versão dela. Gostaria de escutar a sua.

– Por quê? Esse assunto me desagrada – respondi.

– Desagradáveis são lembranças que nos deixaram marcas. Com certeza, as dos pulsos não doem mais, mas na sua alma ainda deve doer. Sinto-a aflita. Por quê?

– São muitos os porquês – falei.

– Cecília – disse minha sogra com carinho –, você é boa, gentil, sua tia a ama e somente a elogia. Entretanto, você é indiferente com seus pais, não fala deles, tem mágoa de seu pai. Não creio que tenha tentado se matar porque seu irmão desencarnou. Não quer nos contar, Cecília? Celso a ama tanto e eu a quero como se fosse minha filha.

Fiquei quieta por uns dois minutos, eles esperaram em silêncio.

"Tenho de resolver esse assunto", pensei. "Conto ao Celso e terminamos o namoro, vou sentir sua falta, mas pelo menos não o engano mais".

Comecei a falar baixinho com a cabeça baixa. Era a primeira vez que falava desse fato tão triste. Sentia no meu íntimo que deveria esconder esse assunto, como se fosse de alguma maneira culpada. Esforcei-me para falar, pois estava muito envergonhada. Durante a narrativa, alterei a voz, gritei, chorei, dei murros no sofá. Celso tentou me abraçar, confortar, empurrei-o com violência, mas aceitei o braço de minha sogra e fui me acalmando. Senti-me, quando terminei de falar, leve e aliviada.

– Meu bem! Querida! Amo você! – declarou Celso com sinceridade e comovido.

– Ama mesmo depois de ter escutado tudo isso? – perguntei admirada.

– Muito mais depois de ter escutado tudo isso. Deixa-me ajudá-la. Por favor! – pediu ele.

E eu deixei que os dois me ajudassem. Eles eram espíritas e passei a ir com eles ao centro espírita. Lá fiz um tratamento espiritual recebendo passes, assisti a palestras, interessei-me pela leitura dos livros espíritas, senti-me consolada e comecei a compreender o que é Deus e suas leis de amor. Minha sogra, depois de dois dias desse meu relato, levou-me a uma psicóloga amiga dela e também espírita. Conversei com ela e passei a fazer terapia, tratamento em sessões em que contei a ela tudo o que sentia, que me afligia. Essa profissional me fez compreender que nem todos os homens eram como meu pai, que eu não poderia continuar com medo, que não era culpada, mas fora vítima, e o mais importante: que necessitava perdoar. Esforcei-me para aprender a perdoar e não ter mais temores. Meu pai agora não podia mais me fazer mal.

Comecei a aceitar as carícias de Celso. Fizemos felizes planos para nos casar. Levei-o à casa de meus pais para conhecê-los. Celso não pegou na mão que meu pai lhe estendeu. Foi gentil com minha mãe e ao despedir-se falou a eles olhando para meu pai:

– Agora Cecília tem quem cuide dela. Eu! E não vou permitir que ninguém a magoe!

– Sei que ninguém magoa Cecília. Mas me alegro em saber que você está disposto a cuidar dela – disse mamãe, sorrindo agradecida.

Casamos somente no civil numa cerimônia simples. Vieram somente mamãe e meu irmão André, que se separara da esposa. Meu pai deu uma desculpa de que nem me lembro mais e não foi. Abracei agradecida tia Jandira. Fomos morar perto de minha sogra, tivemos filhos, compramos um terreno, construímos nossa casa. E Celso continua maravilhoso e nos amamos muito.

Cecília enxugou os olhos marejados de lágrimas. Lúcia que, estática, olhava a amiga, também fez o mesmo.

– Admiro você, Cecília!

Pegou as mãos dela e beijou suas cicatrizes.

7

O recado

As duas ficaram comovidas, pensativas e em silêncio por alguns instantes, até que Lúcia comentou:

– Cecília, escutei seu relato em que foi a vítima. E seu pai, como seria a narrativa dele? O que ele teria a dizer em sua defesa? Por que fez isso?

– Não sei, Lúcia – respondeu Cecília, triste. – O que leva uma pessoa a agir com crueldade? Nem sei se ele se arrependeu, mas pelo menos para mim nunca demonstrou nenhum remorso. Às vezes, penso: será que meu pai tem sossego? Essa maldade não o incomoda? Será que se voltasse no tempo ele faria de novo?

Teria ele alguma desculpa para se justificar? São perguntas sem respostas.[9]

– Será, Cecília, que ele estava obsediado?

– Lúcia, um encarnado é obsediado somente se tem afinidade com o desencarnado. Os motivos para uma obsessão são muitos. A mais comum é por culpa, por se sentir devedor. Para ocorrer uma obsessão, é preciso a aceitação do obsediado, porque todos nós temos nosso livre-arbítrio, atendemos a quem queremos. Tenho certeza de que nenhum obsessor faria de mim uma criminosa. Para obsediar, são estudadas as tendências de quem se quer atingir. No caso de um encarnado que tem o vício de mentir, é fácil fazê-lo caluniar e assim outro a roubar, a ser cruel, a trair etc. Ambos, o desencarnado obsessor e o encarnado obsediado, são culpados e as reações a seus atos serão de conformidade com a responsabilidade de cada um. Meu pai pode sim ter agido sob a influência de algum desencarnado maldoso.

---

9. Fiz algumas entrevistas com desencarnados que agiram com crueldade e quando encarnados estupraram. E as respostas ao porquê de agirem assim foram evasivas como: "tive vontade", "era mais forte que eu", "senti necessidade". Mas todos afirmaram não terem sentido remorso naquele momento, somente depois que a dor os levou a pensar que agiram errado e que fizeram alguém sofrer. E eles sofrem muito. Alguns deles relataram seus delitos na tentativa de se defender, mas é muito difícil mentir para si mesmo e para desencarnados que têm como saber a verdade. Outros se incriminaram mais ainda. Conversei também com um que ainda não estava arrependido. Disse-me apenas: "Deus que é culpado! Ele me fez com taras, somente sentia prazer estuprando". O corpo físico é comandado pelo espírito que transmite a esse seus vícios. E vícios não se alimentam, se combatem. É nossa obrigação vencer qualquer uma de nossas más tendências. É culpado quem age com crueldade e a reação a seus atos será de dores. (N.A.E.)

Se isso ocorreu, foi porque ele aceitou, se afinaram, vibraram igual com os mesmos instintos. Ele é culpado! Temos de nos melhorar interiormente, vencer nossas más tendências, sair da faixa vibratória dos maldosos. Isso é possível! E se podemos e não fazemos, erramos, e por erros nós sofremos.

– Você tem razão, Cecília – disse Lúcia. – Escutamos a quem queremos. Se tivesse atendido Mário, teria colocado Rodrigo num orfanato. Preferi escutar Carlos e não me arrependo. Agi certo!

– Volte a costurar, Lúcia – pediu Cecília. – Ainda não acabei minha história.

Lúcia foi sentar-se novamente em frente à máquina de costura e Cecília continuou seu relato.

– Minha sogra foi e tem sido uma mãe para mim, e uma avó maravilhosa para meus filhos. Tia Jandira também foi caridosa comigo. Quando ela ficou doente, nós a trouxemos para nossa casa e cuidamos dela. Uma prima casou-se e morava em outra cidade. A outra prima, a freira, pediu licença aos seus superiores e veio tomar conta de titia, então ela voltou para o seu apartamento. Celso e eu íamos muito lá, pernoitávamos, a levávamos ao médico, demos-lhe muito carinho e atenção. Sentimos muito a sua desencarnação. Minhas primas venderam o apartamento, a freira voltou para o convento. Via pouco minha mãe, ela raramente me visitava e eu a ela. Então mamãe ficou doente. Sentiu-se mal, foi ao médico, que a internou num hospital. Meu irmão André me avisou, fomos Celso e eu visitá-la. Encontramos mamãe sozinha. Conversamos. Celso nos deixou a sós. Ela apertou minha mão e falou:

– Cecília, acho que não fui uma boa mãe para você. Desculpe-me!

– Desculpo – respondi.

Realmente naquele momento a perdoei. Entendi o fato de ela gostar mais do meu irmão que desencarnou, mas a culpava por meu pai ter me feito o que fez. Ao ter me deixado sozinha, era como se ela tivesse permitido. Consegui compreender naquele momento que ela não era culpada. Junto da minha resposta “desculpo”, deixei sair a mágoa. Beijei minha mãe com amor e roguei:

– Perdoe-me também!

– Não tenho o que lhe perdoar, se você se afastou de mim foi porque me afastei primeiro. Amigas?

– Mais do que amigas, uma filha que a ama! – respondi com sinceridade.

Minha sogra ficou em minha casa, cuidando das crianças para mim e fiquei com mamãe no hospital. André e eu estávamos afastados, e a doença de nossa mãe nos aproximou, conversamos muito. Mesmo com ela sentindo dores, estava feliz por nos ver unidos. Meu irmão tinha se separado da esposa, seu filho ficou com a sua ex-mulher. Depois de três anos sozinho, arrumou uma companheira, pessoa boa, simpática e estava bem. Com essa moça teve duas filhas.

Papai passava as noites no hospital e de manhã ia para casa dormir e eu só ia lá quando sabia que ele já tinha saído. Durante 20 dias nos encontramos somente duas vezes. Mamãe desencarnou. No velório, não me aproximei de meu pai. Vendo-o chorar, pensei como seria bom se ele fosse diferente, queria muito um pai a quem eu pudesse amar.

Ao chegarmos em casa após o enterro de minha mãe, sentamo-nos no sofá da sala. A empregada nos serviu um chá. Minha filha me indagou:

"– Mamãe, sei que quando solteira morava com vovó Jandira e que ela era sua tia e que foi para nós a outra avó. Você não se dava bem com seus pais?

– Já lhes falei sobre isso – respondi. – Quando meu irmão desencarnou, minha mãe não estava bem e tia Jandira me levou para morar com ela.

– Foi depois que você tentou o suicídio – disse a minha caçula."

Não tinha como esconder as minhas cicatrizes e nunca quis mentir para os meus filhos. Já havia contado e sempre que falávamos nesse assunto, pedia para nunca fazerem o que fiz. Falei tentando novamente explicar:

"– Meus filhos, fiz algo errado e de que me arrependo muito. Esse remorso dói ainda. Foi um ato impensado. Sou grata a Deus por não ter desencarnado. Nós já falamos sobre isso.

– Mamãe – disse meu filho –, sei que não gosta de falar sobre esse assunto. Compreendo que tenha medo que façamos igual a você. Mas já prometemos que nunca o faremos. Nós três conversamos e concluímos que você não gosta de seu pai. Por quê?"

Fiquei sem saber o que responder. Celso o fez por mim:

"– O pai de sua mãe foi muito perverso com ela, não foi um bom pai.

– Ele lhe batia, mamãe? – perguntou a minha caçula.

– Seu avô a maltratou muito. Tudo foi perdoado, esquecido, mas não existe amor entre eles – explicou Celso.

– Eu nunca gostei do meu avô! – falou meu filho. – Tem algo nele de que não gosto. Tenho a sensação, quando o vejo, de que já o vi fazer algo ruim e que não consegui impedir. Acho melhor mesmo não nos aproximarmos dele.

– Doíam as surras, mamãe? – minha caçulinha perguntou chorando.

– Sim, doíam – respondi.

– Mas passou e assuntos desagradáveis não devem ser comentados nesta nossa casa de amor – determinou Celso.

– Ainda bem que papai é diferente! Amo vocês! Amo você, mamãe! Vamos sempre ser filhos bonzinhos, porque vocês merecem! – exclamou minha filha."

Abraçamo-nos.

E eles não mais comentaram esse assunto.

Quando Celso e eu ficamos sozinhos após a conversa com nossos filhos, comentamos o que meu filho falou e concluímos que, com certeza, eu e meu filho já encarnamos juntos. Somos muito afins. E que, talvez ele, no período do estupro, estivesse desencarnado e tivesse visto. Tentou impedir e não teve como.

– Cecília – comentou Lúcia –, como deve ser triste para um desencarnado ver uma pessoa que ama sofrer, ser agredida e não poder fazer nada!

– Realmente, deve ser muito triste! – concordou Cecília. – Quantas mães desencarnadas sofrem vendo seus filhos praticarem atos errados ou serem agredidos.

– E não podem fazer nada porque não se interfere no livre-arbítrio. Compreendo agora por que somos responsáveis por nossos atos. Se seu pai tinha um obsessor, com certeza, teve também um bom espírito por perto, mas escutou a quem quis.

– Nunca mais fui à casa de meus pais – continuou Cecília sua narrativa. – Papai ficou morando sozinho. Meu irmão e eu nos aproximamos, passamos a nos visitar e conversamos muito por telefone. E por ele sabia de meu pai, que arrumou várias amantes e que algumas até moraram em sua casa.

– Faz três anos que mamãe desencarnou. Meu pai aposentou-se e continuou a trabalhar até que ficou doente, com dores musculares. Enfermo, com pouco dinheiro, ficou sozinho e não estava conseguindo se manter.

E um fato inusitado aconteceu. Celso é coordenador, no nosso centro espírita, de um trabalho de desenvolvimento mediúnico. Uma médium recebeu uma mensagem psicografada e entregou a ele no final dos trabalhos.

"– Senhor Celso, esta mensagem é para o senhor. O espírito que me ditou pediu para lhe entregar."

Celso agradeceu, mas não entendeu a mensagem. Trouxe para mim, que a li e também não compreendi. Estava escrito: "Não se omita. E somente ajude se ele pedir". Assinava somente um nome que para nós era: Oelio. Estava escrito com letras grandes e o nome não dava para decifrar. E ficamos sem saber se era de fato Oelio.

"– Não conheço nenhum Oelio – disse Celso.

– Nem eu – respondi. – Pode ser algum desencarnado que não conhecemos."

Não demos atenção ao recado, mas guardamos a mensagem.

Dias depois, André me ligou e estremeci ao escutá-lo:

"– Cecília, resolvi trazer papai para morar conosco. Ele não consegue mais trabalhar e está sozinho. Aqui em casa ele fará companhia para as minhas filhas, pois minha esposa e eu trabalhamos o dia todo. Cecília! Você está escutando? Não vai falar nada?".

Não conseguia responder. Fiquei como se tivesse recebido um choque. Esforcei-me para responder:

"– André, depois lhe telefono. A vizinha está me chamando."

Desliguei e fiquei apavorada. Chorando, telefonei para Celso e lhe contei. Meia hora depois ele estava em casa, me abraçou confortando-me. Pegou na gaveta a mensagem, o recado, e o lemos novamente.

"– Cecília, não é Oelio. Observe bem! É Délia, sem o acento. Foi sua mãe quem escreveu este bilhete dando-nos o recado. Embora não a tivéssemos entendido, esta mensagem me impressionou muito. Ao fazer a oração no início do trabalho, senti uma energia agradável e tive certeza de que naquela noite iria receber algo por escrito. Pensei que seria uma mensagem se referindo ao trabalho mediúnico, um ditado longo e bonito com recomendações e incentivos. Agora tudo ficou claro! Sua mãe diz claramente: 'Não se omita'. Ela, com certeza, quer que você, ou nós, falemos a André o que lhe aconteceu. Realmente, não dá para nos omitirmos. Seu pai ficará sozinho com as duas meninas muitas horas por dia. André acha que o pai poderá cuidar delas, fazendo-lhes companhia. E sua mãe preocupada escreveu: 'Não se omita!'. E não vamos nos omitir. Telefone para seu irmão, pergunte-lhe se podemos ir lá hoje à noite. Vamos contar-lhe tudo e ele, conhecendo a verdade, decidirá o que fazer."

Telefonei. André estranhou a nossa inesperada visita, mas ficou contente por nos receber. As filhas dele, duas garotas lindas, alegraram-se com a nossa presença.

"– Por que os primos não vieram? – indagou-me uma das minhas sobrinhas.

– É porque viemos conversar com seu pai – respondeu Celso. – E vocês, minhas queridas, nos darão licença? A conversa será para adultos."

Elas foram para o quarto. Celso pediu para fecharem a porta, ligou a televisão para ter certeza de que as garotas não iriam escutar a conversa e nos sentamos, os quatro, perto. André me perguntou preocupado:

"– Que está acontecendo, Cecília?

– Viemos aqui – explicou Celso –, porque temos, ou Cecília tem, algo muito sério para lhes dizer. Vamos, querida, fale!".

Eu tinha decidido que não ia falar sobre esse assunto com minha mãe nem com meu irmão. Não me sentia à vontade para comentar algo que queria tanto esquecer. Falei em tom baixo:

"– André, você saiu da casa dos nossos pais muito jovem, casou-se antes de completar 19 anos. Logo depois nosso irmão desencarnou. Mamãe sentiu muito, foi um período de muita dor. Tentei o suicídio e tia Jandira me levou para morar com ela e nunca mais voltei para casa. Via pouco mamãe e reaproximei-me dela quando ficou hospitalizada."

Fiz uma pausa, André comentou:

"– Não entendi o porquê da sua tentativa de suicídio nem por que ficou com tia Jandira. Foi-me explicado que você ficou deprimida e quis morrer pela falta do nosso irmão. Mas com certeza tem algo mais, não é? Está aqui por isso? Não consigo compreender por que você, sendo tão boa, afastou-se de nossos pais, principalmente de papai.

– Sua conclusão está certa. Existem realmente mais detalhes que omitimos de você. André, não está sendo agradável para mim recordar o que aconteceu depois que nosso irmão desencarnou. Mamãe não me dava atenção, não queria reagir e ia muito ao cemitério deixando-me sozinha. E bem... – Olhei para Celso que segurou minha mão e fez sinal com a cabeça para continuar – nosso pai estuprou-me!”.

Falando rápido para ter coragem, contei-lhes tudo. André me abraçou.

“– Meu Deus! – exclamou minha cunhada.

– Eu não viria aqui para lhes falar sobre isso se você não tivesse me dito que queria trazer papai para morar com vocês e fazer companhia às meninas – expliquei.

– Agora entendo tudo! – falou André.

– Não gosto muito do meu sogro – opinou minha cunhada. – Já o vi olhando de modo estranho para minhas filhas. Achei que era cisma minha. Agora estou entendendo um comentário de minha filha caçula. Ela me contou que o avô lhe passou as mãos nos braços.

– Agora que sabem – falou Celso –, ficamos mais tranquilos. E vocês devem decidir se o querem aqui ou não. Suas filhas são espertas, não ficariam quietas como Cecília ficou. Mas é melhor prevenir. Depois do ocorrido, pode haver punição, mas não dá para desfazer o acontecido.

– Obrigado, minha irmã – disse André. – Não deve ter sido fácil falar disso tudo somente para nos prevenir. Papai não virá morar conosco. Deve ficar lá sozinho. Mas ele está passando falta do básico. Não tem dinheiro para os remédios. Vou auxiliar dando-lhe dinheiro. Você, Cecília, não quer ajudá-lo?”.

Ia responder, mas Celso fez por mim.

“– Nestes anos todos Cecília espera por seu pedido de perdão, embora ela já o tenha perdoado. Porém, gostaríamos de saber que ele se arrependeu, reconheceu que errou e humildemente queira se reconciliar. Não, André, não vamos ajudá-lo a não ser que ele nos peça."

– Lembrei da segunda frase da mensagem: "E somente ajude se ele pedir".

– Meu pai não gostou da decisão de André, que não o queria morando com eles, e de saber que conversara comigo.

– Tenho pensado muito sobre isso e acho que depois que mamãe desencarnou deve ter tido conhecimento de tudo. Também visitou meu pai e deve ter lido seus pensamentos. Preocupada, quis que André soubesse. Resolvemos fazer o que mamãe nos pediu e não ajudá-lo até que nos pedisse. Porém, estou confusa.

Cecília fez uma pequena pausa, suspirou e continuou a falar:

– Lúcia, sempre achei que fazer o bem a quem nos fez mal, como na recomendação de Jesus, fosse a maior caridade, por ser difícil. Ao fazer o bem a quem não gosta de nós, podemos anular esse sentimento negativo e isso é ótimo para ambos. Tenho por isso vontade de ajudá-lo, mas Celso quer atender ao pedido de mamãe. O que você acha, amiga?

– Eu?! – perguntou Lúcia.

– Sim, você. Escutou toda a história e quero a sua opinião.

– Acho que deve seguir a recomendação do espírito de sua mãe. Ela deve estar contente por ter encontrado seu irmão que desencarnou e por saber que André está bem e você também. Mas, com certeza, está preocupada com seu pai, o esposo com quem conviveu por tantos anos. Muitas vezes, tem-se de sofrer para aprender. Quem sabe seu pai ficando sozinho não aprende a dar valor a afetos? Passando necessidades, sofrendo, compreenderá o mal que lhe fez. Se isso ocorrer, poderá querer seu perdão, virá até você para lhe pedir. E isso será muito bom para ele, para seu espírito.

– Celso pensa como você. É o que vou fazer. Eu já o perdoei. Demorei a perdoar. Mas, quando consegui, me senti muito bem. Foi como se algo ruim que estava grudado dentro de mim saísse, deixando espaço para a tranquilidade. Como perdoar nos faz bem!

– Cecília – falou Lúcia –, estou impressionada com a mensagem de sua mãe. Os desencarnados podem nos dar orientações, preocupam-se conosco?

– Os sentimentos não são modificados com a mudança de planos. Os desencarnados continuam a amar e a se preocupar com os que amam e continuam encarnados.

– Acho estranha a possibilidade de um espírito ficar perto da gente – comentou Lúcia. – Esse fato pode ser real? Verdadeiro?

– Lúcia, o que é real? Real é o que permanece, o que não acaba. O corpo físico se transforma, muda, sua função acaba para nós. O espírito sobrevive. Então, o espírito é a mais real das presenças, mesmo sem ter um corpo físico. Um desencarnado pode ficar perto de nós e os motivos são muitos.

– Cecília – disse Lúcia –, estou lembrando agora de um sonho que Mário teve e que o impressionou muito. Ele sonhou com uma mulher falando-lhe que era nossa mãe e que o estava lembrando que ele prometera receber por filho o pai dele. Mário viu então um homem que parecia atormentado, com expressão alheia. Agora que compreendo a reencarnação, esse sonho faz sentido para mim. Esse espírito que ele viu no sonho pode ter sido o de Rodrigo, que nasceu com deficiência.

– Pode ser sim – afirmou Cecília. – Essa mulher pode ter vindo lembrar Mário de algo que ele prometera fazer antes de reencarnar.

– Cecília, às vezes eu sinto a presença de um ser querido que me ama e tenta me fortalecer. Parece ser a presença real de um espírito. Será que essa mulher é aquela com quem Mário sonhou e que lhe disse ser a nossa mãe? Ela também lhe falou que seria a nossa filha. Com a separação, ela deve ter ficado na espiritualidade.

– Com certeza, Lúcia, Deus não separa quem se ama. O amor é sempre fortalecido. Afetos desencarnados não podem fazer o que cabe a nós, mas estão sempre nos incentivando a caminhar e a fazer o bem.

– Hoje vou fazer uma oração de agradecimento a esse espírito – afirmou Lúcia.

– Devemos agradecer sempre – concordou Cecília.

– Cecília, não quero ser indiscreta, mas quero lhe perguntar uma coisa para que possa entender melhor, aprender.

Você, ao ser estuprada, estava sofrendo a reação a algum erro do passado? É difícil crer que você, mesmo em outras existências, tenha feito algo de muito errado que resultou nesse sofrimento.

– Lúcia, não devemos nos preocupar com o passado, esse já foi escrito e não muda. Devemos pensar no presente, no que fazemos agora e no que podemos mudar para nos melhorar. Para tudo o que acontece, há um motivo e, muitas vezes, as coisas ocorrem por várias razões.

Cecília fez uma pausa e ficou pensativa. Resolveu explicar para a amiga que era espírita, mas iniciante, o que já compreendia. Falou esclarecendo:

– Dificuldades, sofrimentos são ensinamentos preciosos e, ao entender esse fato, progredimos espiritualmente. Já pensei muito sobre o que me aconteceu. Com toda a certeza, há motivos. Por que mamãe não gostava de mim? Eu sempre gostei muito dela, até a entendia por amar mais meu irmão. Ainda bem que ela ao desencarnar já havia aprendido a me querer. Trocou a antipatia pelo carinho. Isso foi maravilhoso! E se eu recebi a reação por um ato errado que cometi, aprendi! Agora não sou capaz de fazer maldade a ninguém. Recebi uma grande lição e a assimilei. Não devemos encarar reações de dores por castigo, mas como lição de equilíbrio. Sentimo-nos bem quando nos equilibramos. Desarmonizados com as leis divinas ficamos insatisfeitos e infelizes. A harmonia nos faz tranquilos e consequentemente felizes.

Cecília quietou-se por instantes. Lúcia aguardou atenta e interessadíssima na continuação da explicação. A amiga continuou a elucidá-la:

– Sentia lá no meu íntimo que já fui rancorosa e que já dissera muito: "Não perdoo! Guardo-lhe rancor!" etc. Sentia que precisava aprender a perdoar. O nosso planeta, a Terra, passa pelo período de provas e expiações. Observe, Lúcia, que provas vêm em primeiro lugar. Quando temos tendência a um vício, temos de nos esforçar para erradicá-lo e somente podemos dizer que realmente nos livramos dele, se provarmos a nós mesmos que fomos capazes de vencê-lo. Se quisesse provar a mim mesma que aprendi a lição do perdão, teria de sofrer alguma ofensa. E não deveria ser por algo corriqueiro, mas que me causasse sofrimento. Falei a você, minha amiga, que tive de me esforçar para perdoar meu pai e que quando o fiz, senti-me tranquila, a lição foi apreendida, passei na prova. Seja por que motivo tenha sido, foi uma lição preciosa. Já me indaguei: se isso não tivesse acontecido, eu seria o que sou hoje? Sou uma pessoa grata e tento ajudar o próximo. A lição foi dolorosa, mas muito importante para mim, me impulsionou a progredir.

Cecília terminou o relato e sentiu-se aliviada por ter falado do que lhe aconteceu e que ainda de alguma maneira a afligia. E Lúcia, que já gostava dela, admirou-a mais ainda. Despediram-se abraçando-se com carinho.

8
O passado

Ao ficar sozinha, Lúcia orou e agradeceu ao espírito que a incentivava dando-lhe coragem. Depois voltou a trabalhar.

E esse espírito estava ali. Era Doroteia. Fora de fato mãe de Lúcia e a adotiva de Mário. Tinha seu trabalho no plano espiritual, era ativa em sua tarefa de auxílio ao próximo. Vinha sempre que era possível visitar seus afetos. Estava no lar de Lúcia e escutou a história de Cecília e se emocionou com a oração de agradecimento daquela que na encarnação anterior tinha sido sua filha. E pensou comovida:

"Cecília, pela sua experiência, sabe muito bem como ajudar as pessoas que passam por problemas sérios e que querem acabar com eles.

Se as pessoas compreendessem que tudo passa, ninguém se suicidaria. A morte do corpo físico não é uma solução para os nossos problemas, porque a vida continua. Cecília conseguiu solucionar seus problemas e Rodrigo infelizmente desencarnou. Suicidando-se agravou seus sofrimentos, tanto que está reequilibrando nesta encarnação o enorme desequilíbrio que provocou em si mesmo".

Doroteia olhou para Lúcia, que continuava a costurar, e recordou o passado em que os quatro, Mário, Lúcia, Rodrigo e ela, viveram um período juntos. Lembranças emocionantes, que me relatou, vieram-lhe à mente:

"Casei muito jovem com Rodrigo, que tinha uma exportadora, negociava vários produtos, mas o principal era o café. Ágil, inteligente e trabalhador, prosperou muito. Morávamos numa cidade grande, mas tínhamos uma fazenda com criação de cavalos. Era um lugar muito bonito e lá passávamos muitos fins de semana e as férias escolares com os nossos filhos. Tivemos cinco filhos, quatro meninos e uma menina, Lúcia, a caçula. Estávamos na fazenda, Lúcia estava com dois meses e meio, era um nenê lindo, quando Rodrigo chegou a casa com um garotinho de dois anos e oito meses, sujo e com roupinhas gastas.

– Doroteia – explicou ele –, encontrei esta criança na estrada, estava chorando e com fome. Alimentei-a e procurei saber onde morava. Senti muita pena desse garoto. Levei-o à casa em que me informaram que morava. Lá encontrei uma senhora, avó dele que nem tinha percebido que ele não estava em casa. Essa senhora me disse que o pai desse menino havia morrido e que a mãe foi embora com um homem e deixou os quatro filhos com ela. Queixou-se de que estavam, o marido e ela, velhos e tinham dificuldades para sustentar aquelas crianças. E já tinham doado uma menina. Olhei para esse menino e fiquei comovido. Nossos filhos têm de tudo, têm você, que é uma mãe exemplar, eu que trabalho e os sustento. Este menininho tem privações de tudo, não tem ninguém que o ame. Num impulso, pedi à senhora o garotinho para nós. Ela me respondeu que podia levá-lo só que me pediu dinheiro. Doroteia, comprei o menino! Vamos cuidar dele, não é?

– Vamos – respondi.

Rodrigo fazia o que queria, nunca me consultava, era autoritário, mas se preocupava conosco, sua família sempre estava em primeiro lugar. Ele sempre me traía, mas as outras eram amantes e não teve nenhuma por muito tempo. Tentei achar alguma semelhança do garoto com Rodrigo, nada percebi. Achei que aquele menininho era filho dele com uma de suas amantes. Mas se fosse, aquela criança não tinha culpa, estava assustada, com medo e maltratada. Cuidei dele, chamava-se Mário. Não o adotamos oficialmente, Rodrigo trouxe sua certidão de nascimento e ele continuou com seu nome.

Foi uma festa para meus filhos uma criança a mais em nossa casa. Meses depois, Mário estava sadio, esperto, acostumou-se muito conosco e nos chamava de pai e mãe.

Todos os nossos filhos estudaram, tiveram tudo o que pudemos lhes dar. Eles se davam bem, raramente discutiam.

Mário sempre teve muita paciência com Lúcia, fazia tudo o que ela queria. Na adolescência, preocupamo-nos com essa aproximação. Meu filho mais velho tinha se casado, morava em outra cidade e trabalhava em uma filial de nossa firma. Rodrigo decidiu mandar Mário para lá.

– Vá, filho, e ajude seu irmão! – ordenou.

Três dos nossos filhos trabalhavam com o pai. Somente o segundo continuou seus estudos e formou-se médico. Exercia sua profissão com sucesso.

Rodrigo e eu pensamos que afastando Mário de casa, o separaríamos de Lúcia. Ele ficou dois anos na casa do irmão e quando ia voltar, mandamos nossa filha para um colégio interno para completar seus estudos.

Dois anos depois ela voltou, estava com 17 anos, muito bonita e educada. Rodrigo achou que Lúcia já estava pronta para casar. Ela fora prometida ao filho de um amigo de meu marido.

Bastou, porém, Mário e Lúcia se reverem para se apaixonarem. Quiseram ficar juntos, casar. Rodrigo não deixou.

– Vocês foram criados como irmãos! Não! Depois dei minha palavra para meu amigo que Lúcia e o filho dele se casariam.

Sempre achei que Mário era filho de Rodrigo e que os dois, sendo irmãos, deveriam mesmo se separar. Lúcia chorou, implorou, Mário lhe pediu, mas Rodrigo não os atendeu, não permitia que ninguém contestasse suas ordens. Marcou a data do casamento de Lúcia e levou Mário para outra cidade. Os dois sofreram muito.

Lúcia casou-se, demos uma grande festa. Ela estava triste e aborrecida. O noivo era um moço simples, fazendeiro que parecia alheio, casou-se como se fosse algo que tinha de fazer, um trabalho. Preocupei-me e fiquei triste por minha filha estar sofrendo.

Mário também se casou. Escolheu uma moça que já tinha passado da idade de casar, não era bonita e ainda era chata, mas muito rica. Após o casamento, foi morar na casa de seus sogros e trabalhar com o pai dela. Mário era trabalhador, esperto e se deu bem. Após alguns anos, o sogro confiou-lhe toda sua fortuna e ele não o decepcionou. Ele se afastou de nós. Guardou rancor por Rodrigo não ter permitido que se casasse com Lúcia. Ambos tiveram filhos. Minha filha queixava-se sempre do marido, que ele era rude, grosseiro, tinha amantes e era muito sovina. De fato, era eu que lhe dava roupas e ela sempre me pedia alguma coisa que queria. Rodrigo compreendeu que não escolhera um bom marido para ela.

Numa época difícil, de recessão, Rodrigo perdeu muito dinheiro, ficou arruinado. Orgulhoso, sentiu muita vergonha por perder tudo o que durante tantos anos juntara.

– Doroteia – ele me explicou –, para pagar o que devemos, vou ter de vender nossa casa e a fazenda. Vamos passar falta do básico. Isso é muito vergonhoso! Nossos três filhos que trabalham comigo também ficarão sem nada. Prefiro morrer a ficar sem nossos bens e ver nossos filhos implorando por empregos.

Rodrigo procurou obter empréstimos, não conseguiu. Apelou para o genro, que afirmou que não tinha. Lúcia conversou conosco.

– Não sei, papai, se meu marido tem ou não dinheiro. Ele é sovina. Não passo privações porque mamãe sempre me ajudou. Agora, com certeza, passarei. Mesmo que ele tivesse dinheiro não lhe emprestaria. Sou infeliz! E o culpado é o senhor que me obrigou a casar com ele. Nunca o amei nem fui amada.

Quando ela saiu, Rodrigo chorou e eu o consolei, afirmei que estaria ao seu lado. Ele, pela primeira vez, me escutou e depois disse:

– Doroteia, eu a amo! Você sempre foi uma esposa perfeita!

Nosso filho, o médico, nos ofereceu o que dispunha em dinheiro. Rodrigo recusou, era pouco e não resolveria, mas lhe pediu que cuidasse de mim. Ele prometeu.

Rodrigo depois de esgotar todas as maneiras de quitar as dívidas, foi à casa de Mário, que morava em outra cidade. Mário lhe disse que também perdera muito dinheiro e que não tinha nada para lhe emprestar.

Passamos meses muito difíceis, queria ajudar e não sabia como. Rodrigo nunca me falava de negócios e eu não sabia fazer nada além de cuidar de casa.

Lúcia nos visitava sempre, porém deixava claro que vinha somente para me ver. E em uma dessas visitas ao ficarmos a sós, indaguei-lhe:

– Você, minha filha, sente ainda rancor de seu pai?

– Mamãe, papai é culpado por eu ser infeliz! Separou-me de Mário, que ainda amo. Acho-a bondosa por tratar papai bem. A senhora sabe que ele sempre a traiu. Não deveria ficar tão preocupada com ele. Talvez ficando pobre papai fique mais humano. Acho que ainda sinto rancor! Mário e eu nos amamos desde criança. Quando ele foi morar com nosso irmão, nos correspondíamos e nos encontrávamos escondidos. O mesmo se deu quando fui para o colégio interno. Quando resolvemos assumir nosso amor, papai foi contra. Com certeza, não iria conseguir nos separar se não tivesse confessado que Mário era seu filho, fruto de seus encontros amorosos com uma de suas amantes. Sofremos muito. Mário, na ocasião, lhe perguntou:

– Por que então o senhor escondeu esse fato? Por que não me registrou como seu filho?

– Ora, dê-se por satisfeito! Você, um bastardo, criado em minha casa junto dos legítimos – respondeu papai.

– Sentimos muita raiva de papai! – continuou Lúcia a me contar. – Ele poderia ter evitado que nos apaixonássemos, que sofrêssemos.

– Eu sempre desconfiei que Mário era filho dele – confessei. – Não me surpreenderei se souber que ele tem mais filhos.

– Mário e eu não o perdoamos. Ele foi cruel conosco. Sou infeliz!

– Minha filha, não vejo em Rodrigo somente os defeitos, ele tem muitas qualidades também. Sempre foi muito trabalhador, deu a mim e a vocês tudo o que queríamos.

Nunca me maltratou, e se teve amantes, sempre escondeu essas traições para não me magoar. Não é bom para nós ficar somente vendo defeitos no próximo e não ver os nossos. Nesses anos de casada, tenho tentado ver os meus defeitos. Venho me esforçando para me modificar para melhor, porque sou responsável somente pelos meus atos. Fui boa esposa, mãe e mesmo desconfiando que Mário fosse fruto de uma traição de meu marido, amei-o como a um filho. Você, minha querida, reclama muito do seu marido. Mas o que você é para ele? Nunca o amou e procura sempre demonstrar seu desafeto. Nem tenta ser agradável! Seja você uma pessoa boa! Tem três filhos que merecem ter um lar de harmonia. A vida já separou você de Mário, não guarde mais rancor, esse sentimento somente atrapalha quem o sente. Tente ser melhor para seu esposo, trate-o bem. Você reclama dele e ele, o que terá a falar de você?

Lúcia ficou pensativa e depois respondeu:

– A senhora tem razão! Nunca fui carinhosa com meu esposo, trato-o rudemente como se sua presença me incomodasse. Ele não tem culpa. Casou-se comigo por imposição de seu pai, porém chegou a me amar. Discutimos sempre e eu o ofendo muito. Vou tratá-lo melhor, nossos filhos merecem ter um lar sem brigas. Ele quer passar os meses de férias das crianças numa propriedade que tem no sul do país. Vou com ele.

Lúcia, naquela mesma tarde, conversou com seu esposo, resolveram parar de discutir e tentar viver em paz. Foi com ele viajar. Deu certa essa aproximação, ele se tornou mais atencioso. Embora fosse muito econômico, passou a lhe dar dinheiro para que ela comprasse o que quisesse.

Nossa filha estava viajando e a nossa situação financeira complicou-se mais ainda. Rodrigo estava desesperado. De repente, acalmou-se e me disse:

– Doroteia, creio que achei uma solução. Quero que você me perdoe e não diga a ninguém, nem agora nem depois, o que lhe digo.

– Dizer o quê? – perguntei sem entender.

– Que achei a solução! E se no futuro você precisar de ajuda, procure o nosso filho médico e fique com ele.

Estranhei, mas não perguntei mais nada. Dois dias depois, fomos para a fazenda e, na tarde do dia seguinte, Rodrigo sofreu um acidente e desencarnou.

Ele tinha saído sozinho pela fazenda com seu cavalo predileto, que era bravo; como demorou a voltar, um empregado foi atrás dele. Encontrou-os caídos, com lesões pelo corpo todo, mortos. Não conseguimos entender como caíram. Na propriedade, havia um penhasco, um barranco de uns 20 metros de altura. Lá embaixo, havia muitas pedras e corria um rio de águas claras e não muito profundo. O lugar era muito bonito.

Fiquei desorientada e muito triste. Muitas pessoas foram ao velório e ao enterro. Mário veio com sua família, não chorou, me abraçou apertado e me falou carinhosamente:

– Mamãe, vou cuidar da senhora!

Lúcia não conseguiu vir, estava distante.

Dias depois, meu filho mais velho nos reuniu e esclareceu:

– Papai tinha feito há muitos anos um seguro. E a senhora, mamãe, é a beneficiária. Papai já tinha vendido esta casa, a fazenda e quitado uma parte da dívida e com o dinheiro que a senhora receberá do seguro, dará para pagar o restante. Não precisaremos vender as casas em que moramos. Será difícil recomeçar, mas vamos tentar.

Peguei a apólice do seguro e li. Parei na cláusula que informava que não seria paga por morte de suicídio. Li em voz alta o parágrafo. Quietamo-nos por segundos. Meu filho mais velho falou:

– Papai se sacrificou por nós!

Entendemos que Rodrigo se suicidara e fez parecer um acidente. Mário abaixou a cabeça, não comentou nada. Ao sair ele me disse:

– Mamãe, quero que a senhora venha morar comigo!

Mas meu filho médico determinou:

– Não, Mário, mamãe ficará comigo!

Agradeci a Mário, mas iria fazer o que Rodrigo me pedira e fui morar com meu filho médico. Fiquei doente e três anos depois desencarnei. Fui socorrida e gostei muito da espiritualidade, onde me adaptei logo e era grata ao auxílio que recebi.

Então quis saber de meu esposo. Rodrigo ainda estava em um dos muitos vales dos suicidas e sofrendo muito. Seu suicídio foi planejado, ele organizou tudo em detalhes. Aproximou-se do local mais alto do penhasco, cortou a veia do seu pescoço e colocou um lenço na cabeça do cavalo; virou-o, gritou assustando-o e o fez disparar. Agiu assim porque o animal conhecia o lugar e pararia, não pularia, se enxergasse. Cortou a veia de seu pescoço com receio de que a queda não o matasse. Como seu corpo ficou muito ferido, esse detalhe não foi notado e o lenço que impediu o cavalo de enxergar ficou nas pedras.

Não pude vê-lo, pois nos vales dos suicidas, só vão socorristas experientes e, para visitá-los, é necessário que o desencarnado esteja bem adaptado à espiritualidade e já saiba controlar suas emoções e eu recém-desencarnada não tinha esse preparo. Visitei-o somente quando fez cinco anos que estava no plano espiritual. Rodrigo estava inquieto, sofria muito, a cena da queda passava em sua mente como um filme que se repetia sem parar. Abracei-o e ele nem percebeu.

Lúcia e Mário não chegaram à velhice, os dois desencarnaram jovens ainda. Lúcia ficou doente por meses, desencarnou e permaneceu muitos meses perturbada, não queria sair do seu lar terreno, mas acabou por entender sua condição e veio ficar comigo. Cuidei dela com carinho.

Mário sofreu um enfarto; iludido achou que estava ainda encarnado. Ele, desde que se casara, dedicou-se a ter posses materiais. Não pensou que um dia iria ter de deixar tudo. Infelizmente, foi totalmente dominado pelo desejo de posse. Mas ninguém é dono de nada. Somos administradores e devemos ser fiéis depositários. Devemos cuidar com carinho e do melhor modo possível dos bens a nós confiados, sejam eles quais forem, sem esquecer que bens materiais devem ser usados para o bem comum. Usar sem abusar é um alerta muito valioso, bem como amar sem ser apegado, para que quando chegar o momento de abandonar tudo, possamos fazê-lo com tranquilidade. Até o corpo físico nos é emprestado. E, com objetos emprestados, cuidados redobrados. Podemos ficar também presos ao que almejamos, possuídos pelo desejo.

Mário esqueceu-se da parte espiritual e sofreu muito por isso. E ficou preso a esses bens materiais. Viu seus filhos brigarem pela fortuna que acumulou. Lúcia e eu fomos visitá-lo muitas vezes e numa dessas visitas ela conversou com ele. Esclareceu que não eram irmãos, que o pai mentira para separá-los. Rodrigo achou Mário na estrada e o comprou de sua avó, conforme dissera. Lúcia e Mário choraram muito por saber que o pai lhes havia mentido.

– Se tivesse casado com você, tudo teria sido diferente! Seu pai foi o culpado! – ele lamentou.

É sempre mais fácil culpar outras pessoas para nos isentar de erros! Mário, nós também erramos! Vamos consertar! – rogou Lúcia.

Ele se esforçou, implorou pelo socorro e veio morar conosco. Nessa época, conseguimos, os socorristas e eu, trazer Rodrigo para uma das colônias onde se abrigam suicidas e eu passei a trabalhar nela, cuidando dele e de tantos outros abrigados.

Encontrávamo-nos sempre, Mário, Lúcia e eu e conversávamos. Meu filho adotivo concluiu:

– Rodrigo foi para mim um pai, sempre me tratou como um filho, não fez diferença entre mim e os outros. Eu deveria ter sido grato e não fui. Poderia ter-lhe dado o dinheiro, que tinha, mas menti negando-lhe ajuda. Se tivesse emprestado, ele não teria se suicidado. Tenho responsabilidade e quero agora reparar minha ingratidão e auxiliá-lo.

– Mamãe – Lúcia me informou –, decidimos, Mário e eu, depois de conversarmos com o nosso orientador e ter permissão, reencarnar. Vamos fazê-lo na mesma cidade e nossos futuros pais moram perto. Com toda a certeza, nos encontraremos e tudo indica que nos apaixonaremos. Vamos casar e receber nosso pai por filho.

– Vocês sabem – esclareci – que Rodrigo não está conseguindo se reequilibrar.

– Sabemos – afirmou Lúcia. – Papai, pelo remorso destrutivo, danificou seu perispírito e quando isso acontece pode ser que ao reencarnar transmita ao corpo físico uma deficiência.

– Para aprender a dar valor a um corpo sadio! – opinou Mário.

– As causas podem ser muitas – falei.

– Mamãe, achamos que devemos ajudá-lo – decidiu Lúcia. – Nós também tivemos nossa parcela de responsabilidade. Eu deveria ter sido melhor para meu esposo e não ter atormentado mais ainda papai quando ele me pediu ajuda. Mário também se culpa. Queremos reparar nossos erros.

E os dois reencarnaram. Mário sabia que seu pai seria alcoólatra e que sua infância não seria fácil. Ele achou que assim aprenderia a ser bom pai e no futuro bom filho. E, como planejaram, encontraram-se, apaixonaram-se e casaram-se. Ainda tentei recordar Mário de seus compromissos. Trouxe Rodrigo para encontrar-se com ele, enquanto seu corpo físico estava adormecido. Ele lembrou do encontro como um sonho que muito o impressionou.

Fiquei triste quando Mário não aceitou o filho e foi embora. Roguei para ele ficar, amar a criança, mas ele tem seu livre-arbítrio e fez o que quis.

Eu tinha planejado ser a segunda filha deles e ajudá-los a cuidar de Rodrigo. Ainda quero reencarnar e estar perto dele. Se tiver oportunidade, farei o que planejei, senão ficarei desencarnada e tentarei ajudá-los como puder.

Trabalho ainda no hospital de uma colônia que abriga suicidas, amo meu trabalho e venho, nas minhas folgas, visitar as pessoas que amo e que estão encarnadas."

Doroteia suspirou, recordar de tudo a fez compreender que somos o que fizemos, reflexos dos nossos atos. E bendita seja essa oportunidade! Um barulho chamou sua atenção, era Rodrigo voltando da escola. Uma das filhas de Cecília o trouxe. Chegou e deu um abraço na mãe.

"– Abençoada seja a reencarnação!" – exclamou Doroteia emocionada ao vê-los. – "Mesmo com um corpo físico deficiente, ele está bem. A volta à carne o fez esquecer. Bendito esquecimento. Ele não sente mais a dor do remorso e se reequilibra. E o amor, principalmente de Lúcia, agora sua mãe, o fortalece."

Doroteia olhou-os com carinho e voltou aos seus afazeres, na colônia onde trabalhava.

9
No hospital

Rodrigo ficou doente, vomitou várias vezes à noite. Pela manhã, Lúcia telefonou para o irmão, que marcou uma consulta e os levou ao médico. Lúcia sentia-se constrangida por depender do irmão e das irmãs para ajudá-la financeiramente. Embora trabalhasse muito, nesses cinco anos ainda não pudera parar nem um dia, costurava de domingo a domingo. Ganhava pouco, as despesas eram muitas e seu salário não dava nem para as despesas básicas e, quando necessitava de algo extra, eram eles que a socorriam. Carlos pagou a consulta.

O pediatra explicou que Rodrigo estava com uma virose e que ia interná-lo para receber soro por via venosa. Lúcia chorou.

– Não fique preocupada, dona Lúcia, não é nada grave. Rodrigo é uma criança de físico forte, mas que está desidratada e, como ele não gosta de remédios, é melhor interná-lo – determinou o médico.

– Não tenho condições financeiras nem plano de saúde. Como interná-lo? – perguntou Lúcia aflita.

– Vou interná-lo na enfermaria da pediatria no hospital público em que trabalho e você, como mãe, poderá ficar com ele. Rodrigo tem cinco anos e necessita de atenção especial. Vou lhe dar a guia de internação. Vá para casa, pegue algumas roupas e vão logo. Daqui a duas horas estarei no hospital e quero encontrá-lo já internado.

Carlos acompanhou Lúcia a casa, que pegou umas roupas e foram para o hospital. A enfermeira achou que Carlos era o pai e o deixou entrar na enfermaria. Foi difícil aplicar o soro. O tio e a mãe agradaram Rodrigo, tentaram tranquilizá-lo, mas mesmo assim ele chorou e gritou. O médico chegou, conversou com ele, acalmando-o. Lúcia chorou muito, preferia mil vezes que fosse ela a estar doente. Rodrigo dormiu. Carlos continuava ao seu lado.

– Agora pode ir, Carlos – falou Lúcia. Você tem muito o que fazer. Não sei como lhe agradecer. Estou envergonhada por precisar tanto de você.

– Não há de quê, minha irmã. Você percebeu? A enfermeira acha que eu sou o pai de Rodrigo – comentou Carlos, tentando animar a irmã.

– Você é mesmo mais que tio de Rodrigo. É pai para mim e para ele. E que pai maravilhoso você tem sido!

– Alegro-me em escutar isso. Prometi à mamãe que cuidaria de você. Com certeza, nossa mãe sabe que cumpro bem o que prometi. Mas não faço pela promessa. Amo vocês dois como amo os meus filhos.

– Rodrigo tem pai e é como se não tivesse. Deixou--me sozinha para cuidar dele.

– Lúcia, fui atrás de Mário sem você saber. No ano passado, fui ao endereço que tínhamos, aquele ao qual você foi com o Marcelo, lá indaguei bastante sobre ele e informaram que talvez tivesse ido para outro bairro. Fui ao bairro indicado e procurei-o em várias oficinas mecânicas e soube que ele estivera por lá e que já tinha ido embora. Mas fiquei sabendo que Mário viveu com uma mulher por dois anos, depois se separaram e ele sumiu e ninguém soube me informar seu paradeiro. Pensei em contratar um detetive para localizá-lo e obrigá-lo a dar uma pensão ao filho, mas desisti. Se você quiser, farei isso. Podemos tentar encontrá-lo.

Lúcia, ao escutar o irmão, sentiu um aperto no peito e respondeu:

– Ele não nos quer, nunca quis. Teve até outra!

– Acho, Lúcia, que você precisa pensar mais em você, recomeçar sua vida. Você sabe que há uma pessoa que a quer muito. Eu gosto dele! Não espere mais, irmãzinha, por alguém que os ignora. Vou embora, devo voltar ao trabalho. No horário de visita, Isabel virá e trará alimentos para você. Tchau.

Carlos a abraçou, beijou Rodrigo e saiu. Ela ficou ali perto do leito em que Rodrigo estava. Aflita, olhava-o vigiando para que não se mexesse muito.

– Eu o amo, filhinho! Você vai ficar bom! – falou baixinho.

E orou. Pensou na casa espírita que frequentava e imaginou que estava na sala de passes recebendo energias e sentiu-se fortalecida.

No horário de visitas Isabel veio vê-los e trouxe alimentos para a cunhada. Rodrigo teve febre, vomitou ainda duas vezes e evacuou muito sujando-se. Lúcia teve de lhe colocar fraldas. Ele a queria perto. Para Lúcia se alimentar, Isabel teve de ficar segurando a mãozinha dele. Ele estava com medo.

Lúcia passou a noite numa cadeira ao lado de sua cama. E pela primeira vez, sentiu mágoa de Mário.

"Ele não devia ter nos abandonado", pensou. "Por mais que trabalhe, para sobreviver necessito de favores. Embora meus irmãos me auxiliem sem me constranger, não deve ser fácil para eles dispor de dinheiro para me ajudar. Mário deveria estar aqui comigo e ajudar nas despesas. Carlos tem razão, esperei-o demais, não tenho prestado atenção em mim nem permito que outra pessoa o faça. Mário já teve outra, talvez muitas outras e até outros filhos."

Não queria sentir raiva, mas naquele momento não conseguiu anular o sentimento de mágoa. Também estava aflita e preocupada com Rodrigo.

Pela manhã o doentinho acordou melhor, não vomitou, mas ainda evacuava muito e continuou tomando soro. O pediatra quis que continuasse internado. Lúcia permaneceu ao lado de seu filhinho, ele a queria pertinho dele. No horário de visitas, foram vê-los Márcia e Luíza, suas irmãs. Ela pôde, então, se alimentar.

Com o filho melhor, prestou atenção nos outros doentinhos. Num leito, estava um menininho de quatro anos com a mesma virose que acometera Rodrigo. A enfermeira informou a Lúcia:

– Esse menininho mora num orfanato, já poderia sair do hospital. Mas o pediatra optou por deixá-lo mais uns dias aqui porque ele poderia transmitir o vírus para as outras crianças do orfanato. Ele é tão carente! Como mãe faz falta! Nós, as enfermeiras, temos lhe dado muita atenção, mas não é a mesma coisa. Ninguém substitui a mãe.

– Será que ele é órfão? – perguntou Lúcia.

– Não sei lhe responder – disse a enfermeira. – Se for órfão, bonitinho e inteligente como é, com certeza logo será adotado. Se tiver pais, poderá ser adotado com a autorização deles. Embora a preferência para adoção seja de recém-nascidos, com crianças maiores, são os sadios que têm preferência.

A enfermeira foi atender uma criança que a chamava e Lúcia ficou pensando:

"Crianças sadias tem maiores chances de serem adotadas. Se tivesse deixado Rodrigo num orfanato, ele com certeza teria ficado lá talvez até adulto ou até desencarnar. Ainda bem que não o deixei no orfanato".

Passou a mão no rostinho dele.

– Eu o amo, filhinho! – expressou comovida.

– Eu amo você! – exclamou sorrindo Rodrigo.

Quando Rodrigo dormiu, Lúcia foi para perto do garotinho do orfanato e pôs-se a conversar com ele. O menino falava corretamente e era muito inteligente.

– A senhora é a mãezinha daquele menino? – perguntou ele.

– Sou sim, ele está doentinho como você.

– É bom ter mãe para cuidar da gente.

– É – Lúcia respondeu sem saber o que dizer.

– Você não quer ser minha mãe? A minha mãe verdadeira sumiu. O juiz assinou um papel para que a diretora do orfanato possa fazer minha adoção. Quero outra mamãe!

– Não posso, meu bem, não tenho condições. Meu filhinho é excepcional, não tenho marido e tenho de trabalhar muito para o nosso sustento.

– É pena que não pode. Eu poderia ajudá-la – falou ele triste.

Mas logo deu um sorriso e lhe mostrou um joguinho que tinha ganhado.

Rodrigo acordou, ela foi para perto dele, segurando-se para não chorar. Quis muito levar aquela criança para a sua casa. Mas, com certeza, o juiz não a aceitaria como mãe adotiva. Ela era separada e não tinha como sustentá-lo. Novamente sentiu mágoa de Mário. Se Rodrigo estivesse num orfanato, doente, estaria como aquela criança que não recebia visitas e não tinha o carinho de mãe.

– Mário foi irresponsável, cruel e continua sendo, nunca nos procurou nem para saber como estamos – lamentou, baixinho.

Passou a noite novamente sentada. Como Rodrigo dormiu, ela fez companhia para os outros doentinhos. De madrugada, foi internado um menininho, a mãe ficou junto. Com a medicação, o garotinho dormiu. Lúcia, vendo que a mãe estava aflita, foi consolá-la e conversaram baixinho. Depois que Lúcia contou o que seu filho tinha, a outra, Rose, falou:

– Meu filhinho tem dois anos e oito meses, está com câncer. Vamos levá-lo a um hospital especializado, sua internação está marcada para a semana que vem. Ele não está bem; parecia sentir dores, estava chorando muito, por isso resolvemos trazê-lo para cá. O médico de plantão o internou, com a medicação ele se aquietou e agora dorme. Estou desesperada. Estamos todos aflitos, meu marido, eu, os avós e tios. Não sabemos o que fazer. Somos pobres, e o tratamento é caro, por isso vamos levá-lo a esse hospital, mas estamos aguardando vaga. Ainda bem que nesse hospital eles permitem em alguns casos que a mãe fique junto.

Rose fez uma pausa, depois olhou fixamente para Lúcia e falou indignada:

– Estou revoltada! Você acha justo uma criança de dois anos ter câncer? Ou seu filhinho ser deficiente mental?

Que Deus carrasco é esse? Por que não sou eu a ter essa doença no lugar dele? Tenho vontade de gritar para Deus. Quem sabe, Ele não me escuta! Você não é revoltada?

– Não – respondeu Lúcia, tranquilamente.

As duas quietaram-se, ficaram por instantes absorvidas em seus pensamentos. Lúcia pensou que aquela mãe sofria muito mais que ela e estava revoltada. E que poderia naquele momento colocar em prática o que já tinha aprendido com a Doutrina Espírita. Falou calmamente tentando confortá-la:

– Rose, Deus é bom, justo e para entendermos isso, necessitamos compreender suas leis. Como a da reencarnação e da Ação e Reação. Vou explicar a você o porquê de não estar revoltada: quando Rodrigo nasceu, meu marido quis doá-lo. Como não aceitei, ele nos abandonou. Meu esposo revoltou-se, não conseguimos entender por que nosso filho nasceu assim. Éramos pessoas boas, sofremos e não tínhamos pecado para sermos punidos. Eu não me revoltei, aceitei. Mas a aceitação sem compreensão nos deixa às vezes indignados, com tendências à autopiedade e, por mais que não quisesse, ao ver outras crianças sadias, me indagava: por quê? Conheci a Doutrina Espírita e foi nela que obtive respostas coerentes, explicações que pareciam que já sabia, esclarecimentos sobre os quais raciocinei até concluir que eram certos e verdadeiros.

Lúcia fez uma pausa; como percebeu que Rose prestava atenção, continuou a elucidar:

– Deus nos criou, somos espíritos e ora vivemos na espiritualidade, ora num corpo físico como esse de que estamos revestidos. Nosso espírito tem muitas oportunidades de voltar à Terra. E como temos o livre-arbítrio de fazermos o que queremos, podemos fazer o bem ou o mal. Somos donos de nossos atos e recebemos de volta as consequências deles. Ao praticar maldades, não sofremos indefinidamente por elas. É como quando temos uma dívida: ao pagá-la, não somos mais devedores. Aquele que planta sofrimento colhe dores. Assim, Rose, entendemos os padecimentos como uma reação a algo que fizemos indevidamente no passado.

– Você disse que é espírita. Sua religião a conforta? – perguntou Rose, interessada.

– Conforta, mas o importante é que me esclarece. Acredito que meu filho fez algo de muito errado, seu espírito ao desencarnar deve ter sofrido, necessitou voltar ao plano físico num corpo doente para aprender a dar valor a um corpo sadio e eu sou grata a Deus por estar perto dele e poder ajudá-lo.

– Você fala de modo diferente, mas está me fazendo entender.

– Se você compreender, ficará mais tranquila.

O filhinho de Rose chorou, ela foi acalentá-lo e Lúcia foi sentar-se perto do leito de Rodrigo.

Cecília veio lhe trazer o almoço e Lúcia comentou com ela a respeito de Rose e seu filhinho.

– Vou dar a ela meu exemplar de bolso de *O Evangelho Segundo o Espiritismo.*

Cecília aproximou-se de Rose, deu-lhe o livro, ofereceu bolachas e a convidou a ir ao centro espírita. Também deixou um cartão com seu número de telefone.

– Se você quiser, Rose, que visitemos seu filhinho, me telefone. Podemos vê-lo, fazer uma oração para ele, transmitir-lhe um passe.

À tarde, o pediatra deu alta para Rodrigo.

– Aqui está a receita, dê a ele a primeira dose à noite.

Lúcia ia pegar a receita, mas Isabel, que estava ao lado do médico, foi mais rápida.

– Vou deixá-los em casa e em seguida vou comprar os remédios – falou a cunhada, determinada.

Lúcia a olhou agradecida, pois não tinha dinheiro e os três dias sem trabalhar iam lhe fazer muita falta, pois ganhava por peças costuradas.

Ao chegar em casa, encontrou-a limpa, a roupa lavada e passada. Isabel a informou:

– Cecília levou as roupas, lavou-as e passou-as na casa dela. As vizinhas ajudaram, dona Maria José veio e fez a limpeza e Augusta foi fazer uma sopa e logo trará o jantar.

Isabel saiu para comprar os remédios e Lúcia fez uma oração de agradecimento pela ajuda que recebia. Deu um banho em Rodrigo e também se banhou. Augusta chegou com a sopa, jantaram, Isabel voltou com os remédios. As vizinhas vieram ver Rodrigo que, do jeitinho dele, contou que tomou injeções. Vendo-os cansados, todos foram embora. Isabel recomendou:

– Lúcia, não vá costurar, descanse por favor, Rodrigo está com sono, vão dormir. Amanhã descansada, trabalhará melhor.

Lúcia fez o que a cunhada sugeriu.

– Como é bom estar em casa, dormir na minha cama.

Rodrigo acordou à noite e perguntou:

– Mamãe, nós estamos na nossa casinha?

– Sim, filhinho, estamos graças a Deus, na nossa casinha.

Dias depois, Rodrigo já estava bem e voltou a frequentar a escola. Lúcia entendeu como era bom vê-lo fazendo artes, querendo a cada instante uma coisa.

"Tive tanto medo de perdê-lo! Ele não teve nada grave e agora está bem. Não quero que Rodrigo desencarne, quero-o sempre comigo", pensou alegre.

10
Entendendo os porquês

Mário adaptou-se rápido ao bairro que escolhera para residir. Gostou do emprego, passou a ganhar bem e fez amizades. Meses depois, alugou um apartamento num prédio relativamente bom, deixou a pensão e mudou-se. Mobiliou-o com móveis caros e comprou muitos eletrodomésticos, deixando sua moradia confortável e bonita. Tinha como vizinhas algumas garotas de programa, e era amigo delas. Não se envolveu afetivamente com mais ninguém. Teve namoros sem importância e morava sozinho.

Aprendeu muito nesse emprego, tornou-se um excelente mecânico. Quando completou um ano ali, comprou um carro e trocou-o meses depois por um melhor.

As "meninas", como ele chamava suas vizinhas, gostavam dele. Ele estava sempre ajudando-as. Uma delas o intrigava: era Marli. Tinha 27 anos e muito bonita. Era separada do marido, dizia que o largara porque ele batia nela. Tinha dois filhos, que ficaram com a mãe dela.

Uma noite foi jantar com algumas das meninas e enquanto conversavam Marli comentou:

– Mário, sou garota de programa porque gosto. Era antes de me casar. Quando conheci meu ex-marido, pensei que me adaptaria à vida de casada, até me esforcei. Mas ele, com ciúmes, fez de nossa vida um inferno. Separei-me e poderia ter arrumado um emprego, tenho curso superior, mas não gosto de normas, ter horários nem de obedecer. Meus filhos não sabem o que faço, pensam que moro em outra cidade e que tenho um bom emprego. Meu ex-marido vai vê-los quase todos os dias, ele casou-se de novo, a atual esposa dele é muito certinha. Meus filhos têm de tudo, nada lhes falta materialmente e eles gostam muito de minha mãe, são felizes.

– Você não tem receio de que eles a desprezem quando souberem o que você faz? – perguntou Mário.

– Eles estão com a idade de seis e quatro anos. São pequenos. Não quero pensar nessa hipótese agora. Um problema de cada vez. Quem sabe o que acontecerá no futuro?

"Marli peca desde sua adolescência. Talvez Deus a tenha castigado", pensou Mário, que lhe indagou:

– Seus filhos são sadios?

– São sim – respondeu Marli –, sadios, fortes e muito inteligentes.

– Como pode? – perguntou Mário mais para si mesmo.

– Não entendi sua pergunta. Repita, por favor – pediu Marli.

– Marli, você acha que Deus castiga os pais dando-lhes filhos doentes?

– Mário, você hoje está confuso! Não o estou entendendo. Você acha que, por eu fazer algo errado, Deus iria castigar meus filhos? Deus não castiga ninguém, ainda mais inocentes. Que absurdo! E meu erro não é assim tão grave. Pior são aqueles que agem com crueldade, roubando, torturando e matando. E essas pessoas têm filhos sadios. Se Deus quiser me castigar, tudo bem, estou mesmo agindo errado. Mas seria muita injustiça castigar meus filhos pelos meus erros.

– Por que você acha então que uma criança nasce com deficiência? – perguntou Mário.

– Não sei – respondeu Marli –, mas de uma coisa tenho certeza absoluta: não é castigo de Deus. O nosso Criador é bom!

Cida, que jantava com eles e escutava-os, resolveu dar sua opinião:

– Tenho uma teoria sobre esse assunto: a reencarnação. Meus pais se tornaram espíritas. Quando vou visitá-los, mamãe me fala o que ela tem aprendido no centro espírita que está frequentando. Ela diz que nós somos espíritos e que estagiamos na espiritualidade e aqui no plano físico. De tudo o que fazemos de bom ou de mal, recebemos o retorno. E que ninguém padece por muito tempo no Além, o espírito volta em outro corpo. Ninguém sofre no lugar do outro ou pelo outro, mas se sofre junto quando se ama.

– A reencarnação explica muitas coisas! – exclamou Marli. – Quando eu ficar velha, vou me dedicar a uma religião e essa deve ter nos seus ensinamentos a reencarnação.

– Quando você ficar velha! Será que você viverá até a velhice? Para que deixar para o futuro o que pode fazer agora? – perguntou Cida.

– Agora não tenho tempo – respondeu Marli. – Mas e você, por que não segue a religião de seus pais?

– Tenho pensado muito sobre isso. Não é bom deixar nada para o futuro, porque ele é incerto. Se eu me tornar espírita, terei de agir corretamente, deixar esta profissão. O Espiritismo nos alerta que temos obrigação de nos melhorar interiormente.

– Você, Cida, tem falado muito que quer fazer outra coisa profissionalmente. Talvez seja o momento – disse Mário.

As duas tiveram de sair e a conversa foi interrompida.

Mário ficou pensativo. Se Marli não tinha religião, pecou e seus filhos eram sadios, com toda a certeza Deus não castiga os pais por meio dos filhos. A teoria da Cida era coerente. Deveríamos mesmo viver aqui na Terra muitas vezes e em muitos corpos. E esse retorno devia ser algo certo. Fez algo, pagará por isso.

"Se for assim, nem eu nem Lúcia pecamos, mas Rodrigo. O espírito dele deve ter cometido um erro e por isso nasceu nessa vida com a deficiência. Se isso for verdade, Deus é bom! Acho que vou lá na Banca do Livro Espírita na pracinha comprar alguns livros para ler e entender o que é a reencarnação", pensou Mário.

Foi à banca no outro dia. A atendente, uma mocinha muito gentil, indicou alguns livros que explicavam o assunto. Entre eles, dois livros de Allan Kardec, *O Livro dos Espíritos* e *O Evangelho Segundo o Espiritismo.*

À noite, Mário os pegou e ficou folheando. Não gostava muito de ler, mas se interessou. Foi lendo por pedaços, assuntos escolhidos pelo índice. E pelo que leu, achou que a reencarnação respondia aos seus porquês.

Dias depois, Mário foi convidado pelas meninas a uma festa em uma boate distante. Ele foi e as levou no seu carro. Chegando lá, perceberam decepcionados que o local não era uma boate, mas um bar e mal frequentado.

– Já que estamos aqui, vamos tomar uma cerveja e depois vamos embora – decidiu Marli.

Desceram, as meninas entraram no bar, foram beber e Mário ficou na porta observando o movimento. Assustou-se ao escutar seu nome.

– Mário?

Olhou e demorou por instantes para reconhecer quem o chamara.

– Pai? – exclamou admirado.

– Sim, sou eu, seu pai. Como está você, filho?

– Bem e o senhor?

– Bebendo e vivo – respondeu o pai.

Aproximou-se. O pai de Mário estava envelhecido, muito magro, com expressão que os alcoólatras costumam aparentar.

– Ainda não bebi hoje – explicou o pai. – Não precisa me repelir. O que você faz aqui?

– Vim trazer as meninas – disse Mário e apontou para as garotas que estavam em frente ao balcão.

– Motorista?

– Mais ou menos. Continuo trabalhando como mecânico.

– Deve estar estranhando eu ainda estar vivo, não é? Você bebe? Sempre foi tão certinho quando criança e adolescente.

– Não, senhor, não bebo. Não gosto de bebidas – respondeu Mário, olhando-o.

– Nem de bêbados – completou o pai. – Vocês me acusavam de muitas coisas. Não gostavam de mim. Diziam sempre que eu não prestava, que os tinha abandonado etc. Fiz isso sim! Foi pela maldita bebida. Mas quando os deixei, seus dois irmãos eram mocinhos e nenhum doente. E você que me julgou, o que fez? Fiquei sabendo que abandonou uma mulher honesta e um filhinho recém-nascido e doente. Agiu pior que eu! Bebeu da água mais suja. Você, Mário, é bem pior do que eu!

Dois homens, companheiros de farra do pai, passaram perto deles e puxaram o pai de Mário, convidando-o a beber. Ele olhou para o filho e disse:

– Fique com Deus!

Mário foi acometido por um mal-estar. Chamou as meninas para irem embora, elas pediram que aguardasse mais um pouco. Ele entrou no carro. Sentiu vontade de chorar. As palavras do pai ressoavam em sua mente.

"É pior do que eu! Abandonou a esposa honesta, o filho recém-nascido doente. Fez pior do que eu!"

As meninas ainda demoraram, e ele esperou com impaciência. Quando elas vieram, sentiu-se aliviado por irem embora. Não dormiu direito naquela noite, o encontro com seu pai o perturbou muito.

Mário ficou alguns dias quieto, aborrecido e escutou dos amigos:

– Que tem, Mário?

– Precisa de alguma coisa?

– Posso ajudá-lo?

Agradecia e respondia:

– Estou somente um pouco triste. Não é nada!

– Você, embora tenha muitos amigos, é muito sozinho. Precisa encontrar alguém e construir uma família – aconselhou dona Maria.

"Formar uma família! Que ironia!", pensou ele.

Dona Maria era a proprietária de um pequeno restaurante perto do seu prédio. Ele e as meninas iam muito lá. Dona Maria era como uma mãe para seus clientes, preocupava-se com todos e estava sempre os aconselhando.

– Dona Maria, não quero me envolver com ninguém – respondeu Mário.

– Se você quiser ajuda para encontrar alguém, me avise, posso opinar. Você não consegue esquecer, não é? – perguntou dona Maria.

– Esquecer o quê? – indagou-lhe Mário, olhando-a curioso.

– Às vezes, esquecer algo é mais fácil do que esquecer uma pessoa. Mário, se você tem algum assunto que não está resolvido, resolva! A vida é feita de recomeços. Mas, às vezes, para recomeçar, não podemos ter nada pendente que nos incomode.

Mário abaixou a cabeça e não falou mais nada. Dona Maria se afastou. Ele pensou:

"Será que tenho realmente algo pendente? Lúcia e o filho? Quero acreditar que não. Querer basta?".

Dias depois, dona Maria anunciou eufórica.

– Meu irmão Teobaldo virá passar alguns dias comigo.

Todos se alegraram. Algumas meninas já o conheciam. E uma delas informou Mário:

– Teobaldo, o Teo, é cego! É uma pessoa incrível. Todos gostam dele.

Mário ficou curioso para conhecê-lo. Dois dias depois, durante o jantar, foi apresentado ao irmão de dona Maria.

– Você é Mário, o grande mecânico? – indagou Teo, sorrindo. – Minha irmã gosta muito de você. Como está?

– Bem e você? – respondeu Mário lhe apertando a mão.

– Muito bem, obrigado!

Teo era alegre, extrovertido. Enquanto jantava, foi narrando alguns fatos engraçados que lhe ocorreram durante a viagem. Mário prestou atenção nele e viu surpreso que ele usava os talheres segundo as regras de etiqueta.

– Ficar oito horas no ônibus me foi prazeroso! – comentou Teo. – Conversei com muitos dos passageiros, que foram gentis comigo. Nas paradas, sempre um deles me perguntava se eu necessitava de alguma coisa. Brasileiro é fraterno e as pessoas gostam de ajudar.

Três dias depois, Mário atrasou-se para almoçar e encontrou Teo sentado a uma mesa, sozinho. Foi lhe fazer companhia. Estava mesmo aguardando uma oportunidade para conversar com ele a sós. Queria lhe perguntar se ele se sentia injustiçado por Deus.

– Teo, você é feliz ou somente aparenta ser alegre?

– Estranha sua pergunta – respondeu Teo. – Feliz? Alegre? Temos momentos alegres como também alguns tristes. Acontecimentos corriqueiros que nos ocorrem são atos externos. Já a felicidade para mim é algo de dentro, independente dos acontecimentos. Sou feliz! Estou alegre! É uma alegria rever Maria, estar com ela. Feliz porque sinto Deus em mim, tenho a consciência tranquila, não tenho anseios e estou em paz.

– Você tem muitas dificuldades? – indagou-lhe Mário.

– Tenho, mas quem não as tem? Fico muito contente quando as supero.

– Fale-me de você – pediu Mário.

– Tenho 26 anos, sou casado, pai de uma garotinha de três anos, que é linda e sadia. Amo e sou amado. Trabalho e obtenho com dignidade o meu sustento. Saio, passeio e, o melhor, não tenho dó de mim.

– Você é cego desde criança? – quis Mário saber curioso.

– Não nasci com a deficiência visual, mas é como se fosse. Prematuro, tive a visão danificada. Neste corpo físico, não enxerguei.

– Que faz profissionalmente?

– Trabalho numa grande fábrica de móveis. Lixo as peças de madeira. Pelo meu tato, sei onde devo lixar. Faço o acabamento. Gosto do que faço e o realizo com perfeição. Estou de férias. Minha esposa também trabalha, mas como ela não está de férias, vim sozinho. Estamos planejando ter outro filho.

– Teo, desculpe-me se estou perguntando muito. É que queria entender o porquê das deficiências. Por que você acha que é cego? Sei que tem motivos físicos, mas por que com você? Castigo para seus pais?

– Deus me livre de ser castigo para meus pais! Eles não merecem! Que absurdo! Não sou castigo para ninguém! Meus pais me amam e eu a eles. Talvez eu tenha lhes dado mais trabalho físico que os outros filhos. Mas os tenho recompensado, sempre fui bom filho. Eles nunca se queixaram ou demonstraram ter mais preocupações comigo. Existe entre nós muito amor.

Teo sorriu alegre e continuou:

– Por quê? Se a gente não esclarece os porquês que nos atormentam, tornamo-nos intranquilos. Estou cego neste corpo atual. Mas minha alma, meu espírito, é perfeito. Porque Deus não erra! Tudo o que o Criador fez, faz, é perfeito. Somos nós que nos desarmonizamos. Somos no presente o que fizemos no passado e seremos no futuro o que estamos fazendo agora no presente. Mário, eu vou enxergar quando este corpo físico morrer. E tenho aproveitado essa oportunidade de aprendizado que a deficiência visual está me proporcionando. Afirmo a você que, mesmo cego, tenho enxergado mais que muitas pessoas. Tenho certeza de que com essa deficiência meu espírito se tornou mais lúcido, me fez compreensivo, amoroso, fez com que prestasse atenção no próximo. Sou agora uma pessoa agradecida, religioso e feliz porque estou de bem comigo mesmo.

Fez uma pausa. Mário, pasmo, escutou tudo em silêncio. Teo indagou:

– Ei, Mário, você está ouvindo? Aborreci-o com minha conversa?

– Não, Teo, estou admirado com o que você disse. Imaginei-o revoltado e infeliz. Fechei os olhos e concluí que deve ser muito ruim não ver nada.

– Ora, acho mais ruim ver e não enxergar, não sentir as pessoas, não compreender a vida. Nunca fui revoltado. Não sei se você consegue me entender. Estou aproveitando uma grande oportunidade! De estar convivendo com outras pessoas, de aprender muito com a minha deficiência, de progredir espiritualmente. Será que eu o ajudei?

Mário sorriu compreendendo que Teo poderia ser cego, mas, como ele disse, sentia as pessoas. Aproveitou para perguntar sobre o que o atormentava:

– Você é deficiente visual, mas compreende os acontecimentos e está aproveitando, como diz, essa oportunidade. Mas quem é deficiente mental talvez não consiga entender sua situação. Há uma causa para alguém ser deficiente? Se não é castigo para os outros, é para ele mesmo?

– Bem, deixe-me pensar – falou Teo, devagar. – É mais fácil falar de nossa experiência. Você me parece preocupado com castigo. Não acredito em castigo! Temos de nos reequilibrar, harmonizar o que foi desequilibrado e, às vezes, para ter novamente harmonia a dor tem de nos ensinar. Se entendermos que dificuldades são lições que foram recusadas, tudo se torna mais fácil. Não se deve sofrer pensando que é castigo; fez dívidas, paga-se. De fato, a vida cobra o que se deve, mas se compreendemos que estamos tendo oportunidades de aprender, acertar, corrigir nossos defeitos, não nos revoltamos. Aprender é uma dádiva que Deus nos dá.

Teo fez uma pausa, acomodou-se na cadeira e continuou esclarecendo Mário, que prestava muita atenção:

– Não vejo as cores, mas elas existem, estão aí para colorir o mundo. Um deficiente mental não sabe de muitas coisas, mas elas existem. Sempre que algum órgão físico tem deficiências, outros tentam supri-las. Você deve entender que num corpo físico está um espírito que é perfeito. E não será para esse espírito uma experiência estar por um período num corpo deficiente? Creio que sim. Aprendemos com as adversidades e com as nossas necessidades. O deficiente mental é um ser afetuoso, amoroso, uma pessoa tão fácil de amar! Quem está perto de um se enriquece com a experiência.

– Você acha que ele, o deficiente mental, serve somente para dar experiência a outros? – perguntou Mário querendo mais esclarecimentos para não ter mais dúvidas.

– Estou falando o que acho – respondeu Teo. – Mudo sempre de opinião conforme vou aprendendo. Mário, nós somos únicos, inteiros, filhos de Deus, seres especiais. Podemos ser solidários, mas somos solitários. Somos responsáveis somente pelo que fazemos. Somente nós podemos nos educar. Podemos instruir outras pessoas, dar exemplos assim como receber conhecimentos delas. Mas a decisão do que fazemos é nossa. Conviver uns com os outros é de muita importância ao nosso progresso. Ora estamos precisando de ajuda, ora podemos ajudar. Um deficiente na família pode ser trabalhoso, mas gera aprendizado para todos. O deficiente aprende a lição que precisa e os que estão convivendo com ele, outras. E todas essas lições são muito preciosas.

Quietaram-se. Mário agradeceu e voltou ao trabalho. Atrasou-se, mas valeu a pena. Sentiu-se tranquilo. Os seus porquês não o incomodavam mais. Mas ainda não solucionara seu problema. Não era por não vê-los, ignorá-los, que Lúcia e Rodrigo não existiam. À noite não saiu e ficou pensando no que ouviu.

"Teo enxerga muito mais do que eu!", pensou.

Dias depois, Teo foi embora e todos sentiram falta de sua alegria e sabedoria.

Na semana seguinte, havia um feriado no meio da semana. As garotas foram passar o dia fora. Mário almoçou sozinho.

"Vou ver Lúcia!", pensou.

Num impulso, foi de carro ao bairro em que morou recém-casado. Parou na esquina da rua que cortava a de sua antiga casa. Seu coração disparou.

"Como será que Lúcia está? Casada com outro? Estará ainda morando aí? Como me receberá?", pensou.

Bateu no portão. Escutou o rádio ser desligado. Observou o local, a casinha fora pouco modificada, o muro da frente foi levantado e o portão era alto e trancado.

A porta se abriu e Mário viu Lúcia, que ficou olhando-o admirada. Ficaram ambos parados. Mário achou que Lúcia continuava muito bonita, mudara pouco, parecia que a tinha visto no dia anterior. Por um momento, ele pensou que ela iria gritar seu nome, expressar alegria por vê-lo, esperou que ela o abraçaria. Mas como ela não disse nada, ele falou:

– Posso entrar?

– Sim, vou abrir o portão. Entre!

Ele a seguiu, entrou e Lúcia fechou a porta. Sentou-se no sofá. Mário observou que a sala estava adaptada para que ela costurasse. Havia roupas no sofá. Lúcia sentou-se na cadeira em frente da máquina de costura e ficou esperando-o falar.

– Como está você, Lúcia? – perguntou ele.

– Bem e você?

– Tudo certo. Hoje está calor! – comentou Mário encabulado.

– Está! – respondeu Lúcia secamente.

Mário viu um garoto sentado à mesa de refeições, recortando uma revista. O menino o olhou, sorriu e continuou a recortar.

"É Rodrigo! Como está grande!", pensou.

– Estava passando por aqui e resolvi lhe fazer uma visita.

Mário falou tentando encontrar um assunto para conversarem. Sentiu vontade de perguntar pelo menino, mas não teve coragem. Lúcia o olhou séria e somente respondeu:

– É...

– Acho que já vou, não quero incomodar – disse Mário esperançoso.

Por um instante achou que Lúcia pediria para ficar e decepcionou-se quando ela se levantou e abriu a porta. Mário levantou-se devagar e dirigiu-se à porta aberta.

– Tchau! – exclamou ele.

– Tchau! – Lúcia respondeu e fechou a porta sem fazer barulho.

Mário sentiu um aperto no peito, caminhou vagarosamente sem olhar para os lados ou para trás. Estava muito amargurado. Percebeu que queria que aquele encontro tivesse sido diferente. Que Lúcia o recebesse com alegria, talvez demonstrando o antigo amor. Entrou no carro e voltou para seu apartamento.

Não saiu nem para se alimentar. Ficou triste pensando na visita, em Lúcia e no menininho recortando gravuras. Chorou e foi somente de madrugada que conseguiu dormir.

11

Recomeçando

Naquele feriado, Lúcia havia saído pela manhã com Rodrigo para passear. Almoçaram os dois sozinhos e depois tentou distraí-lo para que pudesse trabalhar. Ele gostava muito de escutar músicas em volume alto. Ligou o rádio e deu revistas para ele recortar com sua tesourinha sem ponta.

Quando escutou baterem no portão, desligou o rádio, abriu a porta e ficou paralisada com a surpresa. Viu Mário a sua frente, mais magro, bem vestido e bonito. Ficou sem saber o que fazer. Imaginara tanto esse encontro. Que ele choraria emocionado, a abraçaria dizendo que os amava – a ela e ao filho –, que pediria perdão. E ali estava ele, indiferente olhando-a. Ficou nervosa com sua presença e mais ainda quando ele se sentou no sofá e se portou como visita. Sentiu raiva quando Mário olhou para Rodrigo, não falou nada para o filho, nem o cumprimentou, nem um gesto de carinho. Ficou aliviada quando ele foi embora, porque estava com vontade de agredi-lo.

Ao fechar a porta, Lúcia encostou-se nela, seu coração estava disparado.

"Eu que o aguardei por todos esses anos! Para quê? Para ver sua indiferença!?"

Como não tinha trancado o portão, pegou a chave e foi fechá-lo. Ao trancar o portão, olhou para a esquina e viu Mário indo embora num carro.

"Ele tem até carro! Novo e caro! Nunca deu nada ao filho! Acabou, Mário! Minha espera por você chegou ao fim. Acabou!", Lúcia pensou sentida.

Entrou, aproximou-se de Rodrigo e o beijou, ele riu alegre. Lúcia convidou-o:

– Vamos à casa de tia Cecília?

Foram. Naquele momento, Lúcia decidiu aceitar o pedido de namoro de Samuel.

"Minhas irmãs e Carlos", lembrava, "me aconselharam a recomeçar, a ter uma pessoa, insistiram para que pensasse mais em mim, não os atendi, preferi aguardar pela volta de Mário. Eles tinham razão. Não deveria ter ficado esperando por ele. Mas ainda há tempo, posso e devo mudar minha vida. Estou sendo fiel a um sonho. A realidade é que é importante! É Samuel quem gosta de mim! De Rodrigo! E meu filho gosta dele".

– Cecília! – gritou Lúcia no portão da casa da amiga.

– Entre, Lúcia – convidou Cecília.

– Não, estou com pressa. Vim aqui para lhe perguntar se você pode ficar com Rodrigo esta noite.

– Claro que fico. Mas aonde você vai?

Lúcia sorriu. Deixava Rodrigo somente se tivesse um compromisso urgente e ultimamente era apenas para ir ao centro espírita assistir a alguma palestra. Contou a Cecília da visita.

– O quê? – Cecília exclamou admirada. – Ele nem olhou para Rodrigo? Que absurdo! Você sabe o que eu penso. Você é jovem, deve recomeçar sua vida. Não deve mais continuar esperando por Mário.

– Vou perguntar ao Samuel se ele quer sair comigo à noite. Se ele quiser, irei, já que você pode ficar com Rodrigo.

– Sabe que gostamos, Celso e eu, de ficar com Rodrigo e se é para você se distrair, minha satisfação é maior. Vá logo falar ao Samuel que quer sair com ele!

Lúcia foi com Rodrigo à casa de Samuel. A empregada abriu a porta, ela pediu para chamá-lo.

Samuel veio rápido e ansioso. Lúcia nunca tinha ido procurá-lo. Ao vê-la sorrindo, ele se tranquilizou. Rodrigo abraçou-o.

– Samuel – disse Lúcia –, vim aqui para lhe perguntar se você quer sair comigo à noite.

– Quero! – exclamou ele alegre sentindo o coração aos saltos. – Oh, se quero! A que horas passo para buscá-la?

Combinaram o horário. Lúcia de mãos dadas com Rodrigo saiu e Samuel ficou na porta olhando os dois se afastarem. Sorria feliz.

Samuel amava Lúcia havia tempo. Conhecia-a desde que ela veio com Rodrigo ainda neném morar no bairro. Naquela época, ele estava casado e não prestou atenção nela. Quando ficou viúvo, foi que passou a observá-la e quis namorá-la; como ela recusou, não insistiu, mas da admiração surgiu o amor, que foi crescendo. Voltou a insistir, mas Lúcia deixou claro para ele que não queria se envolver com ninguém. Havia muitas mulheres interessadas nele. Viúvo, sem filhos e com alguns bens financeiros, boa aparência, educado, mas ele somente pensava em Lúcia.

Eufórico, entrou em casa e se preparou para sair. Foi uma surpresa muito agradável. Ele já tinha convidado--a muitas vezes para sair e ela recusara. Agora, partindo dela o convite, deixou-o um tanto confuso, mas também esperançoso.

"Que será que aconteceu para ela querer sair comigo?", pensou Samuel. "Não importa por que foi, o importante é que vamos sair."

Antes do horário marcado estava na porta da casa de Lúcia. Cecília já tinha ido buscar Rodrigo. Foram jantar no centro da cidade. Lúcia nunca havia estado num restaurante como aquele, encantou-se com o lugar, que era acolhedor, próprio para casais enamorados.

– Aqui podemos conversar sem ninguém para nos interromper – disse Samuel.

E conversaram muito. Lúcia, embora soubesse que Samuel sabia tudo sobre ela, resumiu sua vida e concluiu:

– Acho que devo esquecer o passado. Agora tenho certeza de que Mário não é nada para mim, para nós, Rodrigo e eu. Não gosto mais dele.

Samuel falou dele. Lúcia também sabia de muitos fatos ocorridos com ele, mas escutou atenta.

– Casei-me jovem. Fomos felizes, embora com muitos problemas. Herdei dos meus pais um pequeno mercado e prosperamos. Sempre quis ser pai, mas minha esposa não pôde ter filhos. A irmã dela, minha cunhada, com o marido, desencarnaram num acidente de carro e deixaram dois filhos, Isabela com 12 anos e Márcio, com oito anos. Trouxe-os para nossa casa e eles foram os nossos filhos. Os dois estudaram, formaram-se, casaram-se, são ótimas pessoas, sou muito amigo deles. Minha esposa adoeceu, teve câncer, sofreu muito, foi um período difícil. Ela desencarnou e eu fiquei sozinho. O Espiritismo me consolou muito. Tenho vontade de casar de novo, mas somente o farei com alguém que amo.

Lúcia percebeu que Samuel era muito agradável, gentil e gostou de ter saído com ele.

E outros convites vieram. Saíram sozinhos algumas vezes e a maioria junto com Rodrigo. O filhinho dela gostava cada vez mais de Samuel.

– Samuel – disse Lúcia –, não posso sair tanto assim, tenho de trabalhar, ganho por peças costuradas. Não gosto de depender dos meus irmãos.

– Lúcia, por favor, deixe-me ajudá-la – pediu Samuel.

– Não, Samuel, obrigada. Não é certo.

– Por que não?

– Bem...

– Estamos namorando, não é? Por que não posso ajudá-la?

Lúcia acabou concordando e Samuel pagou a fisioterapia de Rodrigo, comprou remédios e abasteceu a casa dela com mercadorias do mercado. Deu presentes a Rodrigo e a ela. Lúcia percebeu que Samuel a amava. Sentiu-se segura e feliz. Ele estava sempre elogiando-a e ela gostou de ser importante para alguém.

– Lúcia – declarou Samuel –, admiro-a muito por ter tido a coragem de ter tomado a decisão de ficar com Rodrigo. Uma mulher que age como você merece toda a confiança. É maravilhosa!

Amigos e familiares estavam torcendo para o namoro deles dar certo.

– Lúcia – opinou Carlos –, quero-a feliz. Incomodava-me vê-la sozinha, sem querer recomeçar. Gosto de Samuel, ele é honesto, trabalhador, todos sabem pelo bairro que ele a ama. Samuel tem somente 42 anos e, como você, já teve muitas dificuldades na vida.

– Carlos, você acha certo ele me ajudar financeiramente? – Lúcia quis saber a opinião do irmão que, para ela, era muito importante.

– Não vejo nada de mais – respondeu Carlos. – Ele faz com tanto carinho e gosta muito de Rodrigo. Sinto que o sentimento dele é verdadeiro. Lúcia, alegro-me por vê-la contente e entusiasmada. Você está mais bonita e sorridente. Samuel tem lhe feito muito bem. Seja feliz, minha irmã, aceite esse amor e procure amá-lo também.

Samuel convidou Lúcia a morar na casa dele.

– Venha com Rodrigo alegrar minha casa, minha vida – pediu ele.

– Samuel, acho que devemos namorar mais um tempo antes de tomar essa decisão.

– Lúcia – falou ele sorrindo –, minha querida, gostaria que você não costurasse mais. Se quer trabalhar, venha me ajudar na administração do mercado.

– Não sei fazer isso – argumentou Lúcia.

– Aprende!

Fazia quatro meses que estavam saindo e encontravam-se todos os dias. Por isso, estava costurando menos, mas, com a ajuda de Samuel, os irmãos não precisavam lhe dar mais nada.

Lúcia sentiu-se tranquila.

“Como é gostoso ser amada!”, pensou contente.

Ao sentir falta dele, percebeu que gostava dele e lhe comunicou o fato:

– Samuel, quero-lhe falar uma coisa: gosto de você!

Ele se emocionou tanto que não conseguiu nem falar. Amava-a muito.

Lúcia tinha a menstruação irregular e esta estava atrasada. Esse fato não a preocupou, mas sim os enjoos matinais. Sentia-se diferente, uma energia dentro dela a envolvia. Marcou uma consulta com um ginecologista e não falou nada a ninguém.

O médico fez algumas perguntas, examinou-a e ela se assustou quando ele falou:

– Dona Lúcia, a senhora provavelmente está grávida! Vamos fazer um exame laboratorial para confirmar.

Lúcia não conseguiu falar, pegou o pedido do exame e saiu do consultório apressada. Fez o exame no outro dia e aguardou o resultado ansiosa.

"Não deve ser gravidez, esses enjoos devem ser por outra causa", pensou.

Lúcia levou Rodrigo à escola e na volta passou no laboratório e pegou o resultado do exame. Embora aflita para saber o resultado, somente abriu o envelope em casa.

"Positivo! Meu Deus! Samuel poderá achar que fiz de propósito! Preciso contar a ele!", pensou.

Foi ao portão e viu André, um garoto, filho de sua vizinha. Pediu a ele o favor de ir ao mercado dar um recado ao Samuel, que ele viesse vê-la assim que pudesse.

Samuel veio rápido. Lúcia o esperava no portão. Entraram, ele se sentou ao lado dela no sofá.

– Que aconteceu, Lúcia? Por que mandou me chamar? – perguntou Samuel aflito, pois percebera que Lúcia estava nervosa.

Ela não respondeu e mostrou um envelope.

– Que é isso? – indagou-lhe Samuel pegando o envelope.

– Um teste de gravidez! Positivo! Samuel, quero lhe explicar. Para ficar grávida de Rodrigo tive de fazer tratamento. O médico naquela época me afirmou que somente ficaria grávida novamente se fizesse um tratamento. Não me preveni porque achei que não engravidaria.

Lúcia chorou. Samuel chorou também, ajoelhou-se aos pés dela, beijou sua barriga e falou emocionado:

– Você, Lúcia, está chorando como eu de alegria, não é? Vou ser pai! Tenho Rodrigo e agora este! Como Deus é bom comigo!

– Você está alegre mesmo? Não achou ruim? – perguntou Lúcia aliviada e sorrindo.

– Estou feliz demais!

– Não planejei essa gravidez. Vendo você feliz, fico tranquila!

Abraçaram-se.

– Vamos agora morar juntos. Se você teimar em não querer morar em minha casa, venho para a sua.

– Samuel, e se esse nenê for deficiente?

– Uma gravidez não tem nada a ver com outra. Filho é um presente de Deus. Se for deficiente, o amaremos muito como amamos o Rodrigo.

Samuel ficou tão feliz que Lúcia também ficou. Entusiasmado, contou a todos, familiares e amigos que ele ia ser pai.

No dia seguinte, Samuel foi com Lúcia a um obstetra, que constatou que tudo estava bem com ela e com o nenê.

Lúcia atendeu ao pedido de Samuel, parou de costurar e mudou-se com Rodrigo para a casa dele.

Isabela e Márcio fizeram uma festa para os dois. Um almoço num salão de eventos para os familiares e amigos. Ganharam presentes. Os dois sobrinhos de Samuel o amavam muito, eram gratos e queriam que ele, tio e pai adotivo, fosse feliz. Foi uma festa agradável, na qual realmente os votos de felicidades eram sinceros.

A casa de Samuel estava localizada perto do mercado, era grande, espaçosa e confortável. Trabalhava com ele Ângela, empregada de muitos anos, uma pessoa bondosa e trabalhadeira. Ela e Lúcia simpatizaram-se uma com a outra. Ângela continuaria trabalhando com eles.

– Não quero que faça mais nenhum trabalho pesado. Você, grávida, deve descansar. Já trabalhou muito – determinou Samuel.

Lúcia alegrou-se com os cuidados e a atenção dele. Ela e Rodrigo tiveram dias agitados. Levaram somente as roupas e os brinquedos na mudança. Os móveis e outros utensílios foram doados para uma família que morava ali perto, e a casa, alugada. Samuel comprou alguns móveis e eletrodomésticos, fez questão que Lúcia escolhesse, que tudo fosse do gosto dela. O quarto de casal foi todo modificado.

Lúcia organizou a casa. Na arrumação, percebeu que atrás das portas dos armários, onde Samuel guardava seus pertences, havia papéis com frases escritas. A primeira que viu, foi no armarinho do banheiro. Leu: "Os bens espirituais são mais importantes que os bens temporais".

– Que bonito! – exclamou.

No armário do quarto onde estavam as roupas dele, outro papel colado:

"Devo ter sentimento de caridade e de amor ao próximo e fazer o bem pelo bem, sem esperar retorno".

À noite Lúcia comentou com Samuel:

– Vi alguns papéis colados nas portas dos armários. Curiosa eu os li e parece que conheço esses dizeres.

– Claro que conhece – explicou Samuel. – São frases que adaptei como lembretes de um texto de *O Evangelho Segundo o Espiritismo*.[10] Você quer tirá-los? – Samuel perguntou, preocupado.

Queria fazer todos os gostos de Lúcia, mas gostava muito desses lembretes. Tinha há tempo feito um propósito de segui-los e, para não esquecê-los, havia tirado frases do livro e colocado onde pudesse lê-los diariamente.

---

10. O texto citado é de *O Evangelho Segundo o Espiritismo*, de Allan Kardec, capítulo 17, "Sede perfeitos – O homem de bem". (N.A.E.)

– Não! Achei-os lindos e gostei muito. Se você permitir, também vou colocar alguns nas portas dos armários em que guardo minhas roupas.

– Que bom você ter gostado também, Lúcia! Gosto de lê-los todos os dias. Lições repetidas são mais fáceis de serem assimiladas.

Aquela noite, estudaram o *Evangelho* no lar.[11]

– Faz tempo que estudo o *Evangelho* sozinho. Estou muito feliz por ter companhia. Posso ler este capítulo: "Sede perfeitos"?

Lúcia concordou com a cabeça. Sentaram os três no sofá da sala. Decidiram que Rodrigo ia participar. Ela recomendou ao filho que ficasse quieto e ele ficou, pois gostava de orar.

Samuel, emocionado, somente comentou após a leitura:

– Que Jesus nos dê forças para colocar em prática o que estamos aprendendo na teoria! Deus, obrigado por meu lar agora ter tantas alegrias! Ajude-nos a orientar no bem nossos filhos, Rodrigo e este que nos está dando de presente!

Os dois se abraçaram e ambos beijaram Rodrigo, que estava muito feliz.

---

11. Uma recomendação para os que seguem a Doutrina Espírita é que se faça a leitura do *Evangelho* em casa. Dia e hora marcadas e de preferência com a família reunida. Deve-se ler um texto do *Evangelho*, comentar o que foi lido e orarem reunidos. (N.A.E.)

12
A palestra

Samuel dava palestras no centro espírita que frequentavam, mas somente no primeiro sábado do mês. Lúcia nunca tinha ido vê-lo falar porque era difícil ter alguém para ficar com o filho. Querendo muito ir, pediu a Ângela que ficasse com Rodrigo e acompanhou o esposo. Sentou-se à frente no salão e aguardou ansiosa.

Calmo, tranquilo, Samuel começou a falar:

– Hoje vou contar uma história para vocês. Muito tempo atrás, num país distante, viviam na zona rural, perto de uma cidade litorânea, algumas famílias. Numa casa próspera, residia um oficial do Exército, pessoa muito honesta e ativa, que perseguia um bando de fora da lei que roubava pela região. Um dia, ele precisou viajar a serviço, deixando a jovem esposa e o filhinho de dois meses com os empregados.

"– Nessa noite, o bando de malfeitores que se incomodava com a perseguição do oficial invadiu sua casa matando os empregados. A senhora que fora ama do dono da casa e que estava ajudando a jovem mãe foi ferida no abdome, mas, mesmo assim, conseguiu fugir. Ela pegou a criança, colocou-a amarrada na sua barriga, pôs a roupa por cima e saiu pelos fundos.

Os malfeitores assassinaram a jovem esposa assim como todos os empregados e procuraram pela criança. Os vizinhos souberam do ataque somente na manhã seguinte.

A velha ama, com muito esforço, foi para a casa mais próxima. Andou com dificuldades por uma hora no escuro e com o ferimento sangrando. Pediu abrigo.

O dono da casa a quem a ama pediu ajuda espantou-se ao saber da fúria dos bandidos, porém não tinha recursos nem armas para auxiliar a família atacada. Abrigou a ama com a criança. Escondeu a velha senhora num quarto dos fundos, cuidou de seu ferimento. Eles também eram jovens e tinham uma filhinha de quatro meses. A dona da casa amamentou a criança. Não disseram a ninguém que os haviam abrigado.

Os malfeitores procuraram a criança pela região, ofereceram dinheiro para quem a entregasse. Entraram nas casas da vizinhança procurando-a, deixando todos com muito medo, apavorados. Quando entraram no lar em que estavam abrigados, a mãe escondeu a filhinha que estava dormindo dentro de uma caixa e disse aos bandidos que a criança que chorava no berço era sua filha. Os malfeitores, homens da região, sabiam que ela tivera um nenê e acreditaram.

Como não acharam a criança, os fora da lei foram embora, sentindo-se vingados por terem assassinado a esposa e os empregados e roubado tudo da casa do oficial.

Quando retornou ao lar, o oficial sofreu muito, e o vizinho que abrigou a ama com a criança o procurou e falou baixinho:

– Senhor, sua ama conseguiu fugir naquela noite com seu filho, foram para minha casa, onde estão a salvo. Não quero que ninguém saiba. Vá depois, à noite, vê-los. Tenho muito medo de que os bandidos ao saberem que os acolhi se vinguem de mim.

– Compreendo e agradeço. Vou logo mais buscá-los.

À noite o oficial foi à casa do seu vizinho. Chorou ao abraçar o filho e foi embora dali com os dois, a ama e o filhinho, mas antes agradeceu muito à família.

O tempo passou, a família de camponeses mudou-se para a cidade, o bebê cresceu, tornou-se adulta, casou-se e tinha um filhinho de quatro anos. A mãe, que já não era mais tão jovem, teve outro filho, um menino que agora estava com 14 anos. O marido tinha ido a uma outra cidade à procura de emprego. Estava trabalhando e economizando para buscar a família e todos se mudariam.

Um jovem oficial veio trabalhar nessa cidade. Fora transferido depois de muita insistência e por ser filho de um importante general. Em poucos meses, ele soube de tudo o que acontecia ali, principalmente sobre certas pessoas que eram alvos de seu interesse. Esse jovem tinha um objetivo: vingar a morte de sua mãe. Queria prejudicar os que julgava serem os responsáveis e fazer a eles algo bem-feito e, ao vê-los sofrer, dizer-lhes o porquê de estarem sofrendo.

Morava perto da cidade um mago muito respeitado que, segundo os moradores do local, não errava jamais em suas previsões. Ele previu que uma grande tempestade com ventos fortíssimos ia destruir parcialmente a cidade e que muitas pessoas morreriam. Disse até o dia em que a tragédia aconteceria.

– Isso não é previsão – comentou o jovem oficial – nesta cidade as tempestades são frequentes, principalmente nesta época do ano.

– O senhor não conhece o mago, ele somente diz a verdade. Se ele previu uma tempestade é porque esta será destruidora! – falou com medo um subalterno.

Com medo, os moradores mais abastados se prepararam para sair da cidade. O oficial então resolveu aproveitar-se da confusão que se abatia sobre o lugar para pôr em ação seus planos de vingança. Foi à casa de seus desafetos. Conversou com uma senhora, a dona da casa, porque seu marido estava trabalhando em outra cidade. Disse-lhe:

– Vou dois dias antes da tempestade para a cidade em que seu esposo está. Meu barco tem lugar para seis pessoas e convido-os a irem comigo.

– Aceito seu convite e agradeço-lhe – respondeu a senhora comovida.

– Vendam o que têm e esperem por mim, partiremos juntos – afirmou o oficial.

– Não temos muito o que vender – explicou a senhora. – A casa não é nossa e não sei quem vai comprar algo que poderá ser destruído.

– Gostaria de levar todos da cidade comigo, mas como não é possível, peço-lhe que não fale a ninguém do meu convite e, para não levantar suspeitas, dividam-se em dois grupos e me esperem em locais diferentes. Escreverei um bilhete marcando hora e local para nos encontrarmos.

Na véspera da partida, o oficial mandou um soldado à casa deles levar um bilhete. Escreveu pedindo que a senhora e o filho adolescente o esperassem do lado da cidade, no caminho que levava às montanhas, e o jovem casal com o filhinho perto do cais. Ele iria pegar a senhora primeiro, depois o casal e iriam de barco pelo mar.

Embora achando estranho, resolveram agir como o oficial recomendou.

O oficial arranjou dois homens de sua confiança para roubar a senhora e o filho, deixá-los com a roupa do corpo e, depois, fazer o mesmo com o casal. E eles foram roubados. O jovem pai reagiu, foi agredido e ficou ferido.

No horário marcado, esperaram e nada de o oficial aparecer. Ficaram desesperados, sem dinheiro, alimento, separados e não tinham mais como sair da cidade. Desalentada, a senhora abraçou o filho, orou a Deus pedindo ajuda. Escutou alguém chamá-la:

– Senhora! Que faz aqui?

Ela reconheceu quem a chamou, era um antigo empregado. Contou a ele o que acontecera.

– Venha comigo! – convidou o homem. – Aqui perto existe uma gruta que resiste há séculos e com certeza não será essa tempestade que vai destruí-la. Estou lá com minha família e mais algumas pessoas.

Ela foi com o filho adolescente. A gruta estava suja, com mau cheiro e com pessoas apavoradas. A senhora meiga e bondosa foi acalmando-os e com o filho cuidou deles, acalentou, escutou e aconselhou-os.

O casal, apavorado, e a criança de quatro anos, acabou se escondendo num local perto do cais, que servira de abrigo em outras tempestades. Um dos homens que os assaltaram ficou vigiando-os, viu onde estavam e contou para o oficial. Ele pensou satisfeito:

'Se eles não morrerem, eu mesmo vou matá-los e, nessa confusão em que está a cidade, ninguém vai se importar com três corpos a mais'.

A tempestade estava prevista para o outro dia e à noite o oficial recebeu uma visita inesperada.

– Papai!? O senhor por aqui!

– Filho, tive de ir a trabalho a uma localidade aqui perto e estou voltando para casa. Não era meu caminho passar por aqui, mas quis vir abraçá-lo e saber como está passando. Já me contaram da previsão, da tragédia que acontecerá. Mesmo que não aconteça a tempestade, a cidade já está um caos. Ficarei aqui por dois dias e, se precisar, posso ajudá-lo.

– Pai, fiz uma coisa de que com certeza o senhor se orgulhará.

– Sim – disse o general sorrindo. – De que se trata?

– Vinguei, meu pai, ou estou vingando, o assassinato de minha mãe. Vou punir os assassinos!

– Como? – perguntou o pai estranhando.

– Vim para cá na esperança de encontrá-los. Achei-os. São pessoas que aparentam ser honestas. Com a previsão da tempestade, consegui separar a família. Prometi retirá-los da cidade e para isso pedi que me esperassem em locais diferentes. Mandei roubar seus pertences e deixei-os sem abrigo. Se não morrerem, vou matá-los. O chefe da família está fora e o castigo dele será o mesmo que ele lhe causou. Saber que alguns membros de sua família foram mortos. Ele sofrerá!

– Você está louco? Quem lhe deu os nomes dos assassinos?

– A ama – respondeu o jovem oficial decepcionado com a atitude do pai.

– A ama? Mas, meu filho, desde que ela fugiu com você pequenino e foi ferida, não se recuperou. Tornou-se doente e confusa. Como foi acreditar nela? Por que não me perguntou o que tinha acontecido naquela época?

– Nós nos víamos tão pouco! Não quis lhe perguntar temendo que ficasse triste. A ama dizia os nomes dessas pessoas.

O general percebeu naquele momento que tinha sido um pai ausente para aquele filho. Anos depois que enviuvou casou-se de novo e teve outros filhos. Sua esposa não combinava com o enteado, que saiu de casa adolescente, e se viam raramente.

– Filho, os assassinos de sua mãe foram mortos. Eu com os meus homens os perseguimos e os matamos. Eram bandidos. Essa vingança não me deu paz. Deveria tê-los prendido e não executado. Essa família que citou foi a que os abrigou, você e a ama ferida. Mesmo correndo o risco de serem mortos, os socorreram. Cuidaram de você com carinho, a senhora o amamentou, dividiu seu leite, amamentava uma filhinha e você. Se a ama falava o nome deles era certamente com gratidão. Você entendeu tudo errado. O que fez, meu Deus?

– E agora? – perguntou o moço apavorado.

– Você sabia que mataram sua mãe e que só não foi assassinado porque algumas pessoas o socorreram. Em vez de ser grato, alimentar a vontade de algum dia retribuir esse favor, você alimentou o desejo de vingança. Deu mais valor ao que recebeu de ruim do que de bom. Você sabe onde estão eles?

O filho então contou onde estavam.

– Posso levar somente duas pessoas no meu barco. – disse o pai. – Vou optar pelo jovem casal com seu filhinho, eles estão perto do cais, a senhora está longe. Vou tirar sua irmã de leite daqui.

O general chamou seus companheiros de viagem:

– Temos de sair daqui e levar um casal com uma criança para outra cidade. Sei que estão cansados para remarem. Mas posso contar com vocês? E você, meu filho, venha junto, conhece o casal.

Saíram rápido, mas antes o general pegou alguns alimentos e leite.

Entraram no abrigo perto do cais, as pessoas ao vê-los gritaram rogando ajuda.

– Calma – disse o general. – Nada está acontecendo. Nem sinal de tempestade.

– São aqueles, papai!

– Ei, vocês, venham comigo! Vou tirá-los daqui.

O jovem pai olhou para o oficial e falou:

– Você se atrasou! Pensei que não vinha mais! Fomos roubados!

Os três se levantaram e perto deles estava uma mulher com um nenê nos braços, sua perna estava muito ferida. Ela ergueu a criança dando ao casal.

– Posso levá-lo? – perguntou a moça ao general.

Ele assentiu com a cabeça. Ela pegou o nenê e disse:

– Estarei com meu pai na cidade vizinha. Cuidarei do seu filho, se for buscá-lo eu o entregarei, se não for, ele será nosso filho.

A mulher tentou sorrir e concordou com um movimento de cabeça. Saíram dali, foram para o barco. A moça quis notícias de sua mãe. O general explicou:

– Sua mãe e seu irmão estão num local seguro, viajarão depois. Só cabiam vocês no meu barco. Agora, por favor, alimentem-se.

Comeram com avidez. O general despediu-se do filho.

– Agora vá atrás da senhora com o filho e os leve para sua casa. Cuide deles como eles cuidaram de você! E se essa tempestade vier mesmo, ajude as pessoas!

Partiram. Embora cansados, chegaram no outro dia à tarde ao destino.

O oficial saiu do cais e foi ao local marcado e não encontrou a senhora. Ficou lá até que amanheceu e ninguém soube lhe informar onde ela estava.

No horário previsto começou a tempestade. O oficial foi para a sua casa. Ficou muito agoniado e triste, o remorso o fez sofrer.

Foi uma tempestade arrasadora, o vento forte destruiu casas, morreram muitas pessoas. Horas depois, veio a bonança. Na casa do oficial, houve poucos estragos. Ele saiu de casa, como o pai lhe recomendou, para ajudar os necessitados. Trabalhou sem parar, seu lar foi transformado num hospital. Foi somente três dias depois que encontrou a senhora perto do local do encontro.

– Desculpe-me, eu me atrasei e, quando vim, não os encontrei – disse ele. – Venham comigo, ficarão na minha casa. Assim que for possível, mando-os para perto da sua família. Sua filha, genro e neto estão bem.

– Graças a Deus. Estava tão preocupada com eles! Quanto a ir para sua casa, não temos dinheiro para lhe pagar, fomos roubados.

– Serão meus hóspedes. Alegro-me por encontrá-los bem. E você, meu jovem, achou muito ruim ter ficado na gruta?

– Foram dias ruins, lá estava sujo, acho que peguei piolhos. Mas aprendi muito, ajudei minha mãe a cuidar das pessoas e decidi ser médico para auxiliar os que sofrem.

O oficial os levou para sua casa e lá os dois o ajudaram a cuidar dos abrigados. Duas semanas depois, ele os mandou de barco para encontrarem-se com os familiares. Meses depois, foi visitá-los e antes de escutar os agradecimentos, contou tudo, quem era e seu desejo de vingança. Rogou ao final da narrativa:

– Perdoem-me!

Eles perdoaram. O oficial devolveu o que lhes tinha roubado e fez um propósito de nunca mais desejar se vingar e de aprender a ser grato.

– Desculpem-me pela longa história – disse Samuel finalizando a palestra. – Será que não agimos muitas vezes como esse jovem oficial? O que nos fazem de mal, merece destaque, é lembrado e às vezes revidado. O que nos fazem de bom, podemos achar que é obrigação de quem faz, é esquecido. Às vezes, uma pessoa amiga, parente ou alguém de nossa convivência nos fez sempre o bem, mas basta uma atitude de que não gostamos para ficarmos magoados, esquecer todas as boas. Aí não gostamos mais dela, não queremos mais vê-la. Agimos com ingratidão. Vamos esquecer os acontecimentos ruins e dar ênfase a todos os favores que recebemos e ser gratos aos nossos benfeitores."

Lúcia e a plateia ficaram emocionados com a palestra de Samuel. Na volta, Lúcia perguntou:

– Samuel, onde você escutou essa história tão linda?

– Sonhei, Lúcia. Na noite passada sonhei e senti que eu era o jovem oficial, e a jovem mãe, a irmã de leite, você.

– Será que esse fato aconteceu conosco em alguma existência passada?

– Pode ser – respondeu Samuel. – Como também pode ser que, deixando meu corpo físico adormecido, tenha me encontrado com algum espírito que me contou a história ou a li em um livro no plano espiritual. Se esse episódio aconteceu comigo no passado, aprendi a lição. Desde pequeno sou grato e procuro não guardar por muito tempo nenhuma lembrança desagradável. Acredito com toda certeza que não sou capaz de me vingar.

Voltaram para casa contentes e Lúcia admirou mais ainda Samuel.

13
Dinho

Rodrigo gostou muito de seu novo lar, porém não queria dormir sozinho. Acostumado a dormir com a mãe, não queria ficar no seu aposento. Duas vezes por semana Ângela ficava para dormir no quarto com ele.

Rodrigo chamava Samuel de padrasto e os dois estavam se entendendo muito bem. Samuel fazia de tudo para agradá-lo.

Com a casa arrumada, o casal convidou a família dela, a dele e alguns amigos, incluindo Cecília, para almoçarem no domingo e verem as modificações que fizeram na casa. Durante o almoço, que decorria com alegria, Rodrigo comentou:

– Todos na escola têm pai. Quero ter o meu! Você, tio Carlos, não quer ser meu pai?

– Já sou seu tio, meu bem.

– E você, Marcelo, não quer ser meu pai?

– Sou seu primo e muito jovem.

– Eu sou seu pai, Rodrigo! – falou Samuel determinado. – Sou seu pai!

– É mesmo? Você, Samuel, é meu pai? – perguntou o garoto contente.

– Sim – afirmou Samuel –, você deve me chamar de papai!

– Papai!

Lúcia se emocionou e chorou de alegria.

Samuel levava Rodrigo à escola e ia buscá-lo. Apresentava-o a todos os seus conhecidos como seu filho. E o garoto gostava de chamá-lo de pai, fazia-o a todo instante e pediu a ele que fosse à sua classe, para mostrar aos amiguinhos que tinha pai. Samuel amava-o como se fosse seu filho e sentiu muita alegria em ser chamado de pai.

Numa reunião da escola, Lúcia teve conhecimento de que Ronaldo, Ronaldinho ou simplesmente Dinho, um amiguinho de Rodrigo, estava com a mãe enferma.

– Se alguém quiser ficar com ele na semana vindoura, em que temos o feriado, me comunique – pediu a diretora.

Lúcia chegou em casa e contou ao marido.

– Dinho não é aquele garoto muito amigo de Rodrigo, que anda com dificuldade? – perguntou Samuel.

– É ele mesmo. A diretora me contou que ele quando nenê caiu e a mãe só foi perceber que ele tinha quebrado a perna e o braço direito dias depois. E ficou com sequelas, a perna é centímetros mais curta e o braço tem movimentos restritos.

– Coitadinho! – exclamou Samuel. – Vamos trazê-lo para ficar conosco. Colocaremos Dinho para dormir no quarto com Rodrigo. Com certeza, nosso filho vai gostar de ter companhia.

Lúcia gostou da sugestão e concordou. No outro dia, comunicou à diretora que ficava com ele.

– Na terça-feira, você o levará depois da aula. Obrigada, Lúcia, por ficar com ele. Dinho é bonzinho e muito carente – informou a diretora.

E na terça-feira Dinho veio com Rodrigo da escola. Ficaria até a segunda-feira com eles. Trouxe somente uma sacola com algumas roupas. Rodrigo ficou contente por trazer um amiguinho para casa, brincaram bastante. Quando Lúcia foi trocá-los para dormir, viu que Dinho não tinha pijama, colocou nele um do Rodrigo. Samuel, ao ver, pediu a Lúcia:

– Amanhã você compra roupa e tênis para ele.

Rodrigo, com a companhia do amigo, dormiu contente em seu quarto. Na quarta-feira à noite, Samuel comentou com Lúcia:

– Dinho melhoraria muito se fizesse fisioterapia. Acho que também precisa ir ao dentista, tomar algumas vitaminas. Lúcia, vamos amanhã cedo à casa dele? Vamos conhecer a mãe e saber que enfermidade ela tem e o que está acontecendo?

Ela concordou e no outro dia cedo foram. Tinham achado o endereço entre os pertences do garoto. O bairro não era distante de onde moravam. Ao chegarem ao local, perceberam que eram pobres e residiam numa casa velha. Uma senhora os atendeu e os levou a um quarto e na cama estava a mãe de Dinho.

– Somos o casal que ficou esta semana com o Dinho – apresentou-se Samuel.

– Aconteceu alguma coisa com ele? Vocês o trouxeram? – perguntou a mulher.

– Não, ele está em nossa casa e está bem. Viemos visitá-la e saber se podemos ajudá-la – respondeu Samuel.

– Graças a Deus! Estou preocupada com ele. Tenho pensado tanto no que será dele quando eu partir.

– Partir? A senhora vai embora? – perguntou Lúcia.

– Estou doente e sei que vou morrer – respondeu a mulher.

– Não! Com certeza vai sarar – afirmou Lúcia.

– Deveria estar num hospital. Não quis me internar para não deixá-lo sozinho – explicou a mãe do Dinho.

– A senhora tem parentes? – perguntou Lúcia.

– Tenho, mas é como não ter. Eu... desculpem-me, ia falar de mim.

– Por que não fala? Podemos ouvi-la e se possível ajudá-la – prontificou-se Samuel.

Ela estava ofegante e falou devagar:

– Fui uma prostituta. Tenho outras duas filhas mais velhas que Ronaldo. A primeira seguiu meus passos, mora em outra cidade, faz tempo que não me dá notícias e não quer saber do irmão. A segunda saiu de casa, fugiu com 16 anos e não sei dela, nem se está viva. Dinho não tem pai. Não sei quem é o genitor dele. Vou ter de deixá-lo num orfanato. Já tentei doá-lo, não consegui, ninguém quer ficar com ele. Estou aqui de favor, não tenho como pagar pelo quarto. A proprietária só me deixa ficar por pena, mas não quer mais o Dinho aqui.

Chorou sentida. Lúcia a acalentou, aproximou-se de sua cama, que estava com mau cheiro, e passou a mão nos seus cabelos que estavam sujos, assim como ela.

– Vamos comprar alguns alimentos para você – disse Samuel.

– Poderiam, por favor, comprar estes remédios para mim? Estou sentindo muitas dores. Aqui está a receita – pediu a mulher.

Samuel consentiu com a cabeça, pegou a receita e saíram. Entraram no carro e procuraram uma farmácia. Os remédios eram caros, Samuel pagou com cheque e teve de mostrar documentos para o proprietário. Foram depois a um mercado ali perto e comprou alimentos, demorariam se tivesse de pegar os mantimentos no seu mercado.

– Vou pagar a dona da casa o que a mãe de Dinho deve – falou Samuel.

– Coitadinho, ele irá para um orfanato! – exclamou Lúcia.

– Coitado mesmo! É um menino bonzinho e logo ficará órfão. Perguntei ao farmacêutico para que são os remédios. Ele me disse que conhece a mãe do Dinho e que ela está com câncer em estado avançado e com certeza logo vai falecer. Lúcia, quero fazer algo por esse garoto.

– Eu também!

– Vamos ficar com ele? – perguntou Samuel.

– Vamos! Você quer mesmo adotá-lo, Samuel?

– Quero sim! Vamos falar com ela e pedir para ficarmos com o menino.

Samuel deu dinheiro à dona da casa pagando a dívida da mãe do Dinho. Entregou à enferma os remédios e os alimentos e disse:

– Você nos entregaria Dinho? Ele está muito bem em casa, faz companhia ao nosso filho.

– Querem ficar com ele? Mas vocês já têm uma criança doente! – exclamou admirada a enferma.

– Rodrigo não é doente, ele é especial e Dinho é uma criança encantadora. Queremos ficar com ele – afirmou Samuel.

– Oh, Deus, obrigado! Orei tanto para Ronaldo ficar bem! Comigo ele nem sempre foi bem cuidado. Dou-o a vocês e, se um dia não o quiserem, deixem-no num orfanato, num local onde ele possa ser bem tratado. Os documentos dele estão na escola, se precisarem peçam à diretora.

– Ele ficará conosco – determinou Lúcia, que se esforçava para não chorar. – Seu filhinho será nosso. Cuidaremos dele.

– Vou hoje mesmo para o hospital. Gostaria de lhes pedir uma coisa: não traga Ronaldo para me ver. Ele dormia aqui comigo e eu me esforçava na sua presença para parecer melhor. Não quero que ele me veja em estado pior.

– Está bem. Mas, se mudar de opinião, aqui está o nosso número de telefone – falou Samuel.

– Vou pedir no hospital que quando eu morrer comunique à escola, e a diretora informará vocês. Que Deus os proteja e abençoe. Obrigada!

Lúcia chorou quando entrou no carro.

– Samuel, fiquei com muita pena. É tão triste deixar um filho.

– Vamos cuidar dele, Lúcia.

Em casa, comunicaram aos garotos que Dinho ficaria morando com eles. Dinho perguntou:

– Mamãe já partiu?

– Ela logo irá – respondeu Samuel.

Tentaram distraí-lo, foram passear e ele, que nunca tinha saído, gostou muito. Na segunda-feira, levaram Dinho a médicos, ao pediatra que tratava de Rodrigo e a um ortopedista, que prescreveu tratamento com um fisioterapeuta. Levaram-no nos dias seguintes ao dentista e à fonoaudióloga. Ele estava anêmico e começou um tratamento. Samuel, Lúcia e Ângela revezavam-se levando os dois à escola, à fonoaudióloga, à fisioterapia, ao dentista e os meninos se divertiam, gostavam de sair.

Um mês depois, o aspecto de Dinho era outro, corado, cresceu, engordou, ele estava feliz. Chamava, como

Rodrigo, Samuel de pai e Lúcia de *Lúxa*, mas ao ouvir seu amiguinho chamá-la de mãe, começou a fazê-lo também.

Numa tarde, Lúcia recebeu uma visita inesperada. Ângela foi ao quarto avisá-la.

– Dona Lúcia, uma senhora quer vê-la, está na sala.

Lúcia foi ver quem era e admirou-se, era a esposa do irmão mais velho de Mário. Cumprimentou-a educadamente.

– Lúcia, como está?

– Bem, obrigada.

– Alegro-me por saber que está bem. Vim aqui para lhe informar que sabemos agora onde Mário está. Se você precisar dele, me fale que eu lhe transmito o recado.

– Obrigada. Não me interesso pelo paradeiro de Mário e não quero nada dele. Já precisei muito, agora como pode ver não preciso mais.

Conversaram mais um pouco a respeito dos filhos e a visita foi embora.

"Mário", pensou Lúcia, "não o quero por perto, ele não tem o direito de ver o filho".

Não falou nada sobre a visita a Samuel, mas comentou-a com Cecília, as duas continuavam muito amigas.

– Cecília, faz tanto tempo que nem me lembro mais de Mário, parece que ele nunca fez parte da minha vida. Antes, nunca pensei que fosse amar outra pessoa a não ser ele. Tudo muda, até os nossos sentimentos. Mário não significa mais nada para mim. Agora tenho certeza de que amo muito Samuel.

Dois meses e meio depois que Dinho estava com eles, a escola os informou de que a mãe dele falecera. Samuel disse ao Dinho:

– Sua mãezinha partiu, não volta mais. Ela gosta muito de você, por isso deixou-o aqui conosco, que o amamos. Você gosta de morar aqui?

– Gosto muito e quero ficar.

– Você ficará, filhinho – disse Samuel.

Samuel estava muito feliz, sentia que Lúcia o amava e tinha uma família. Lúcia estava se sentindo muito bem e feliz. Rodrigo estava tranquilo, risonho, amava muito Samuel e gostou de ter por irmão Dinho, que estava se recuperando com os exercícios, andava melhor e começou a movimentar mais o braço. O garotinho estava contente com o seu novo lar, gostava de todos, e amava muito Samuel. Ele que nunca recebera antes um carinho de pai não poderia ter tido outro melhor. E todos aguardavam ansiosos o nascimento do nenê.

14
Reencontrando a família

Mário passou uns dias, após a visita que fez a Lúcia, calado, triste e pensou muito. Indagava a si mesmo o que deveria fazer e não achava solução.

"Será que quero voltar para ela? E Lúcia me quererá de volta? Tratou-me com muita indiferença! Será que consigo amar Rodrigo como filho? Vou gostar de ser pai dele? O que devo fazer?"

Para distrair-se, leu os livros espíritas que comprara.

"Será que isso que estou lendo é verdade mesmo? Estarei ligado a eles, Lúcia e Rodrigo, pelo passado? Terei culpa ou responsabilidade pela deficiência dele? Como gostaria de ter certeza! O que tenho lido é tão coerente!"

Não decidiu, não sabia o que queria fazer e os dias foram passando. E numa noite teve um sonho que muito o impressionou. Uma mulher de quem sentiu que gostava muito o abraçou e disse:

– Adeus! Vou partir e estaremos separados! Que Deus o abençoe como eu o abençoo!

Acordou com a sensação do abraço e, sem entender por que, ficou muito triste.

"Parece que alguém que amo muito está se afastando de mim!"

Mário sonhou com Doroteia, sua mãe adotiva na sua outra encarnação. Esse espírito bondoso tinha planejado ser a segunda filha de Lúcia e Mário, e ser filha dele. Como Lúcia ia ficar grávida, despediu-se dele e ia reencarnar. Seria filha de Lúcia e Samuel, a filha que eles mereciam e reencarnaria para continuar seu aprendizado e com propósito de ajudá-los a cuidar de Rodrigo. E estava voltando ao corpo físico num lar estruturado e com pais atuantes na Doutrina Espírita, por isso estava esperançosa e muito feliz.

– Lembro-me pouco dos meus sonhos – disse Mário para si mesmo. – Esse, porém, me pareceu tão real! Parece que conheço essa mulher! Estou lembrando daquele meu sonho que tanto me impressionou. Acho que era a mesma mulher! Lembro que ela me mostrou um homem abobalhado que seria meu filho e Rodrigo nasceu deficiente.

No sonho, ela me recordava que prometi ser pai dele e que ela seria a nossa filha, minha e de Lúcia. Será que essa é a mesma mulher? O mesmo espírito?

Ficou se lembrando do sonho por vários dias.

Domingo, pela manhã, Mário estava no seu apartamento, quando tocou a companhia. Ele abriu a porta e ficou parado.

– Valdir! – exclamou ele admirado.

– Mário!

Abraçaram-se. Era seu irmão mais velho. Desde que saíra de sua casa, que deixara Lúcia, não vira mais seus irmãos nem sabia deles.

– Entre! – convidou Mário.

Valdir entrou, sentou-se e comentou:

– Dei uma de detetive para encontrá-lo. Mário, papai está muito doente. Está com cirrose, internado num hospital. Quer vê-lo e também a Cícero. Ele me contou que meses atrás o viu e conversou uns minutos com você. Quando entrou no bar, perguntou a uma das garotas onde morava, ela disse somente o bairro. Mas você disse ao papai que continuava trabalhando como mecânico, então hoje levantei bem cedo e vim para este bairro, perguntei por aí, de oficina mecânica em oficina mecânica e de pergunta em pergunta obtive informações e o encontrei.

– Papai está mesmo muito doente? – quis saber Mário.

– Sim – respondeu Valdir. – Continuei vendo o velho. Ia sempre à pensão em que morava para vê-lo e ajudava financeiramente e, às vezes, levava-o para almoçar em minha casa.

– Você tem visto nosso irmão Cícero?

– Não o vi mais depois que ele mudou. Embora a cidade em que mora não seja longe, nem ele veio mais aqui nem eu fui lá. Ele escreve de vez em quando a papai. Pelas cartas, tenho o endereço.

– Como está você, Valdir? – perguntou Mário interessado em saber do irmão.

– Casado, tenho três filhos e sou feliz. Moro no mesmo local. Trabalho também na mesma fábrica. E você, casou-se de novo?

– Não, moro sozinho.

– Fiquei surpreso – disse Valdir – quando você separou-se de Lúcia, você gostava muito dela. Não entendi. Você sumiu e não deu notícias. Por que fez isso?

– Nem eu sei.

Mário mudou de assunto. Convidou o irmão para almoçar, foram ao restaurante da dona Maria e apresentou o irmão aos amigos, que estranharam, sempre acharam que ele não tinha família. Depois foram visitar o pai no hospital.

O pai de Mário estava realmente muito doente, alegrou-se ao ver os filhos e os abraçou.

– Que bom que veio me ver, Mário. Já pedi perdão ao Valdir e quero que você também me perdoe.

Mário não gostava do pai, tinha muita mágoa dele. Tempos atrás, ele responderia que não perdoava. Mas pela leitura dos livros espíritas começou a mudar, a ser mais compreensivo.

– Perdoo sim, papai!

Abraçou-o e o beijou. O enfermo chorou emocionado e exclamou:

– Agora só falta o Cícero!

– Dê-me o endereço que vou buscá-lo! – afirmou Mário.

– Mas não demore – disse o pai. – Acho que vou morrer logo. E quero partir com o perdão dele.

– Que nada, papai! – exclamou Mário. – O senhor vai viver muito. Vou amanhã. Não tiro férias há anos e posso tirar uns dias de folga. Vou lá e volto com o Cícero.

O pai ficou muito contente e deu a Mário o endereço de Cícero. O horário de visitas acabou e os dois irmãos foram embora. Despediram-se com um abraço carinhoso.

– Mário, sempre senti sua falta! Estou feliz por revê-lo – falou Valdir comovido.

– Eu também estou muito feliz por reencontrá-lo! – afirmou Mário.

Na segunda-feira pela manhã, foi à oficina, pediu ao seu patrão para ausentar-se por uns dias pois precisava viajar. Com tudo acertado, ele almoçou, pegou umas roupas e foi de carro para a cidade em que o outro irmão morava.

Não foi fácil achar a residência do irmão. Entristeceu-se ao chegar ao bairro, o local era perigoso e muito pobre. Quando encontrou a casa, bateu na porta, um garoto de uns oito anos a abriu.

– Seus pais estão? – perguntou Mário.

– Só a minha mãe – respondeu o garoto. – Vou chamar.

Uma mulher magra, de expressão sofrida e cansada veio atendê-lo.

– Boa tarde, sou Mário. É aqui que o Cícero mora?

– Sim, ele é meu marido. Está atrás dele? Ele não está, se quiser encontrá-lo, procure num bar pelas redondezas.

– Sou irmão do Cícero! – esclareceu Mário.

– Irmão? Então entra – convidou a mulher olhando-o admirada.

Mário entrou, a casa era muito pobre. Sentou-se na cadeira oferecida.

– Sou o irmão caçula dele. Nosso pai está muito doente, hospitalizado e quer vê-lo. Você disse que Cícero deve estar num bar. Ele bebe? É alcoólatra?

– Bebe muito. Está sempre bêbado! E não vem para casa cedo, deve voltar como de costume tarde da noite. Se quiser esperá-lo, fique aí, só que não posso lhe fazer companhia. Trabalho de empregada doméstica e quando volto para casa tenho muito o que fazer.

– Vocês têm filhos? – perguntou Mário.

– Três – respondeu ela. – Esse garoto, uma menina que está me ajudando e um garotinho de três anos.

Conheceu os sobrinhos, crianças bonitas, sadias que estavam vestidas com roupas rasgadas. Mário resolveu ir embora, não adiantaria esperar pelo irmão ou ir procurá-lo em bares, poderia ser perigoso. Pediu à cunhada:

– Fale a ele que vim aqui e que virei amanhã cedo para conversarmos.

Despediu-se. Procurou uma pensão num bairro próximo para passar a noite. No outro dia bem cedo foi à casa do irmão. Eram sete horas, a cunhada estava se arrumando para levar as crianças à creche para ir trabalhar. Mário ofereceu-se para levá-los de carro. As crianças gostaram muito da carona.

– Sua vida deve ser difícil – disse Mário.

– É, sim – respondeu ela concordando.

– Vou voltar a sua casa e conversar com o Cícero – informou Mário.

Encontrou o irmão dormindo. Acordou-o após chamá-lo e chacoalhá-lo muitas vezes. Assustado, ele olhou para Mário, sem reconhecê-lo.

– Sou eu mesmo, Mário, seu irmão mais novo. Peguei seu endereço com papai e vim buscá-lo, pois ele está muito doente e quer vê-lo.

Cícero abraçou o irmão e chorou de soluçar. Quando parou, falou:

– Veja em que me tornei: um bêbado como ele! Não tenho condições financeiras para viajar.

– Cícero, posso e quero ajudá-lo! Como você, meu irmão, que sofreu tanto com as bebedeiras de papai, age como ele?

– Não sei! Às vezes quero parar e não consigo. Minha esposa é trabalhadeira e sofre muito com minhas bebedeiras. Estou aposentado! Recebo somente um salário mínimo. Trabalhava numa construtora e sofri um acidente porque estava bêbado. Fiquei hospitalizado por meses. Aposentaram-me.

– Deixe que o ajude! Trouxe dinheiro comigo. Vamos ao mercado, vou fazer uma compra para deixar aqui. Vim de carro, você vai comigo para ver papai e depois volta de ônibus.

– Em vez de você fazer a compra, não pagaria os aluguéis atrasados da casa? O proprietário está ameaçando nos despejar e não temos para onde ir. Também devo em bares e aqui eles costumam ser violentos com os que devem. Se eu for com você, eles poderão achar que fugi e podem vir aqui em casa.

– Cícero, como você pode se arriscar assim e colocar sua família em perigo? Por favor, meu irmão, não beba mais! Vou levá-lo comigo e me empenharei em auxiliá-lo. Agora tome um café e vamos pagar suas dívidas.

Foram aos locais onde ele devia. Não era muito, mas de bar em bar, foi-se todo o dinheiro de Mário. Cícero quis beber, mas diante do olhar severo do irmão desistiu. Pagou os aluguéis com cheque.

– Tem fundo? – perguntou o proprietário.

– Tem sim, senhor, pode descontar.

Foram ao mercado, Mário perguntou se eles aceitavam cheque. Consultaram e informaram que ele podia fazer a compra. Comprou bastante coisa; pensando nos sobrinhos, pegou doces, bolachas e balas.

Almoçou com o irmão num restaurante. Cícero pediu uma cerveja e Mário ordenou ao garçom:

– Dois sucos, por favor! Eu não bebo e você em minha companhia também não tomará nada de álcool.

Depois de almoçar, retornaram ao lar de Cícero.

– Meu irmão – pediu Mário –, tome um banho, se barbeie, troque de roupa, assim que Marta chegar, vamos viajar. Você ficará hospedado no meu apartamento, vamos ver papai e depois você volta.

O irmão obedeceu. Quando Marta entrou em casa com as crianças, Cícero a informou contente:

– Marta, Mário pagou as dívidas, ninguém virá mais aqui me cobrar. Pagou os aluguéis atrasados e também o deste mês que vai vencer. Fez também uma boa compra no supermercado.

Ela sorriu, agradeceu ao cunhado e as crianças, contentes, foram ver as compras.

– Marta, Cícero vai comigo para ver papai – informou Mário à cunhada. – Vai ficar uns dias hospedado no meu apartamento. Daremos notícias. No local em que você trabalha tem telefone, não é? Ele ligará. Não se preocupe, ele voltará.

Despediram-se de Marta e das crianças e saíram. Cícero estava com vontade de beber, pediu para passar num bar. Mário falou com ele:

– Cícero, papai está num leito de hospital, com cirrose, doente de tanto beber. Está sofrendo muito. Por favor, meu irmão, pare de se embriagar. Eu quero ajudá-lo. Vou levá-lo a médicos, a grupos de apoio. Com minha ajuda, acredito que você conseguirá vencer esse vício. Pense em seus filhos, eles são lindos, sadios, não os faça sofrer.

Cícero chorou, concordou com o irmão e exclamou:

– Aceito sua ajuda!

Mário instalou o irmão do melhor modo possível no seu apartamento. Estavam cansados e foram dormir cedo.

Mário, meses antes, escutara as garotas, suas vizinhas, comentarem sobre um médico muito bom que tratava pessoas alcoólatras. Logo pela manhã foi ao apartamento delas perguntar o endereço do médico.

Uma das garotas conhecia o médico, ofereceu-se para telefonar e conseguiu marcar uma consulta para as 11 horas naquele mesmo dia.

Mário deu roupas dele para o irmão vestir e acompanhou-o na consulta.

– Você está se matando! – afirmou o médico após examiná-lo. – Com certeza, alimenta-se pouco e bebe muito.

O especialista conversou muito com ele, que ouviu calado e acabou chorando. Quis fazer o tratamento. Depois de receitar remédios, o médico sugeriu que frequentasse as reuniões dos "Alcoólicos Anônimos". Deu o endereço de um grupo perto de onde Mário morava. Mário entusiasmou-se e falou determinado.

– Vou com você!

Mário comprou os remédios. Disse ao irmão que o vigiaria para que ele não bebesse e que tomasse a medicação.

Telefonou para Valdir dizendo que Cícero estava com ele e que à noite iriam à sua casa. À tarde, no horário de visita do hospital, foram ver o pai. Abraçaram-se chorando.

– Cícero! – exclamou emocionado o enfermo. – Meu filho, Cícero, você é alcoólatra como eu!

– Como o senhor sabe? – perguntou Cícero espantado.

– Pelo seu rosto – respondeu o pai observando-o. – Recupere-se enquanto é tempo! Veja o que a bebida fez comigo. Amava sua mãe e a fiz sofrer. Gostava de vocês e os prejudiquei. Fiquei sozinho. Ainda bem que vocês três vêm me ver, senão não receberia nenhuma visita. O álcool não mata somente o corpo, mas também os sentimentos. Queria muito vê-lo e lhe pedir perdão. Não repita essa cena, não deixe acontecer o mesmo com você, porque se continuar a se embriagar, daqui a alguns anos, será você a pedir perdão aos seus filhos. Pare de beber, meu filho!

Cícero prometeu tentar parar de beber e Mário se comprometeu a ajudá-lo.

À noite foram à casa de Valdir. Os dois admiraram o lar do irmão, que tinha uma casa grande e confortável. A esposa de Valdir, Neide, era muito simpática e foi uma perfeita anfitriã. Foram embora tarde, pois ficaram conversando, relembrando o passado.

No outro dia, Mário foi ao endereço indicado, onde se reuniam os "Alcoólicos Anônimos". Era realmente perto de seu apartamento e leu um cartaz no portão informando que todas as noites havia reuniões. No horário indicado, foi com o irmão. Um senhor gentilmente os cumprimentou e os convidou a sentar-se. Logo depois a reunião começou. Ao escutarem depoimentos, perceberam que as histórias eram parecidas, todas tristes e que os alcoólatras e familiares sofriam muito. Cícero chorou emocionado, escutou o que com certeza falaria.

Mário, no final, apresentou o irmão e pediu que ele, se pudesse, frequentasse as reuniões. Com abraços fraternos o dirigente e os membros da organização afirmaram que era um prazer recebê-lo.

Mário telefonou no dia seguinte para a cunhada e a informou de que Cícero estava fazendo um tratamento.

– Ele ficará uns tempos comigo. Estamos visitando papai, e eu o estou vigiando. Acredito que meu irmão vai parar de beber.

– Se isso acontecer, teremos paz – afirmou Marta. – Aqui estamos bem e ninguém está nos cobrando. Vou receber a aposentadoria dele e teremos mais dinheiro este mês. Obrigada, meu cunhado.

Mário voltou a trabalhar e levou o irmão com ele. Não queria deixá-lo sozinho.

– Cícero, você me ajuda e vou ensinar-lhe o ofício de mecânico. Quando você estiver bem, poderá voltar a trabalhar e com certeza melhorará financeiramente.

– Se eu não gastar mais minha aposentadoria com a bebida, meus filhos estarão melhor – afirmou Cícero. – Mário, vi que perto do seu apartamento há um centro espírita. Se você não se importar, queria ir e receber o passe.

– Claro que não me importo. Vou com você!

– Se nos apressarmos, dará tempo de irmos ao centro e depois à reunião dos "Alcoólicos Anônimos".

E foram. O local era simples, um salão grande, os dois se sentaram e esperaram. No horário marcado, um senhor fez a leitura do *Evangelho*, comentou o que leu e, depois, em fila, em uma sala ao lado, foram receber o passe. Ambos gostaram. Mário sentiu-se em paz, leve, bem e passaram a ir duas vezes por semana.

Cícero tinha vontade de beber, o irmão o vigiava. Valdir ajudava-o também. E eles iam todas as tardes visitar o pai. Valdir um dia disse a Mário:

– Você não quer saber notícias de Lúcia e de seu filho?

– Você os tem visto?

– Faz tempo que não os vejo, mas como moramos no mesmo bairro, sei deles. Lúcia trabalhou muito e seus irmãos a ajudaram. Agora ela foi morar com um homem, um tal de Samuel, que está bem financeiramente. Falaram-me que ela está grávida.

Mário ficou branco, sentiu um tremor, não conseguiu dizer nada. Valdir continuou a falar:

– Não consigo entender você, Mário. É uma boa pessoa, está ajudando muito Cícero, não tem vícios, é trabalhador. E nunca deu nada ao seu filho.

Mário não respondeu. Naquela noite, levou o irmão ao local da reunião dos "Alcoólicos Anônimos", mas não ficou; voltou para seu apartamento. Pegou uma lista telefônica e procurou o nome de Lúcia; não encontrou, mas achou o de Carlos, o irmão dela. Anotou o número e foi para o restaurante, pediu para ligar. Ele e as garotas que costumavam fazer as refeições ali usavam muito o telefone de dona Maria, mas pagavam a conta. Discou para a casa de Carlos e Marcelo atendeu. Mário falou:

– Desculpe-me, é que estou precisando de uma costureira e me informaram que a irmã de Carlos costura muito bem. Você pode me informar se ela está trabalhando?

– Minha tia não costura mais, ela se casou, largou de trabalhar e está grávida. Mas se o senhor quiser eu lhe dou o endereço de uma senhora que faz esse trabalho – explicou Marcelo educadamente.

– Quero, sim, obrigado – respondeu Mário.

Fingiu que anotou, agradeceu novamente e desligou.

"Grávida! Casou-se! É verdade!"

Ficou martirizado, voltou para seu apartamento aborrecido e muito triste.

"O que esperava? Que Lúcia ficaria a vida toda à minha espera? Que me amasse para sempre?"

Sofria, sentia doer o peito. Tentou disfarçar do irmão o que sentia, disse que estava com dor de cabeça e foi deitar-se. Mas não conseguiu dormir. E sua mente repetia:

"Grávida; feliz... Rodrigo com outro pai; não trabalha mais".

Lembrou-se de sua cunhada, a esposa de Cícero, com expressão cansada e triste.

"É difícil sustentar a família", queixou-se ela, "trabalho muito".

E Lúcia com certeza trabalhava muito também. Tanto que quando foi lá na casa em que morava, num feriado, ela estava costurando. Não tinha pensado que ela e o filho pudessem passar por necessidades.

– Fui um carrasco! – resmungou baixinho.

Seu pai foi piorando. Mário pediu a Cícero que ficasse com ele até o pai falecer. Ele concordou e informou a esposa pelo telefone. Contou a ela que com o irmão não bebia, estava fazendo um tratamento, ia ao centro espírita, às reuniões dos "Alcoólicos Anônimos", à oficina mecânica e estava aprendendo a consertar veículos.

Mário conversou com Valdir, que também decidiu auxiliar o irmão.

– Cícero – Mário comunicou –, vou pedir para Marta procurar uma casa ou apartamento num bairro melhor, longe do que moram, para mudar. Você, distante dos amigos alcoólatras e dos bares conhecidos, vai se sentir mais seguro para não se embriagar mais. Valdir e eu resolvemos ajudá-lo financeiramente.

Ele aceitou agradecido. Mário telefonou para a cunhada e pediu que procurasse um outro local para morar. Marta ficou muito contente.

– Cícero está bem – informou Mário. – Está corado, não bebeu mais. Cuide, Marta, de você, queremos vê-la bem quando voltarmos, pois estou planejando ir com ele para ajudá-los com a mudança.

O pai deles padeceu muito. Os irmãos alertaram Cícero para os inconvenientes da bebida. Os três agora eram amigos e se revezavam para ficar com o pai. E quando o genitor deles teve o corpo físico morto, tomaram todas as providências. No velório, estavam os três e a família de Valdir. Sepultaram-no no túmulo onde jazia a mãe.

– Amanhã vou levar Cícero para a casa dele. Faz 56 dias que ele está comigo – informou Mário a Valdir.

– Cinquenta e seis dias sem beber! – exclamou Cícero.

Valdir deu dinheiro a ele, abraçou-o e recomendou:

– Cícero, modifique-se e, por favor, não beba mais. Lembre-se de papai. Ele não foi um bom exemplo, mas podemos recordar como foi a vida dele, para não querer nada parecido para nós!

Cícero emocionou-se e afastou-se. Valdir aproveitou que ficou a sós com Mário e o informou:

– Minha esposa foi à casa de Lúcia, ela está realmente morando com Samuel. Ela está grávida e muito feliz. Rodrigo, contente, chama o companheiro de Lúcia de pai. Ela não quis seu endereço; porém se quiser saber de você, basta ela nos perguntar. Talvez sua esposa queira se separar legalmente ou pedir pensão para o filho.

– Obrigado, Valdir. Fico contente por saber que eles estão bem. Se ela quiser saber ou quiser algo de mim, perguntará a vocês e eu a atenderei.

Mário tinha, havia meses antes, comprado um carro a um preço razoável por estar avariado, foi consertando-o aos poucos e quando esse estava em ordem, vendeu-o e guardou o dinheiro. Resolveu dar esse dinheiro ao irmão. Não estava dando a Cícero somente uma ajuda financeira, mas uma grande oportunidade de ele ficar bem com sua família. Rogou a Deus que ele aproveitasse essa oportunidade.

Cícero ficou contente ao voltar para casa, abraçou e beijou os filhos e deu presentes a eles, que comprou com o dinheiro que recebeu por ter ajudado na oficina. Marta estava mais arrumada, a esperança iluminou seus olhos, sorria e estava bonita.

– Quero me desculpar com vocês! – exclamou Cícero chorando. – Nesses dias que passei longe de vocês, percebi que os amo muito. E quem ama não magoa. Não quero mais fazê-los sofrer! A bebida me impedia de entender que eu era infeliz e, pior, que os fazia sofrer. Prometo que vou agir diferente. Serei agora um bom esposo e quero ser um pai maravilhoso, o que vocês merecem.

Todos choraram e se abraçaram. Mário também se emocionou e os tirou daquele encanto falando:

– Então, Marta, arrumou um lugar para mudar?

– Arrumei! É um bom apartamento, perto do meu trabalho, de uma creche e de uma boa escola.

– Vamos lá alugá-lo! Isabel, vocês ainda têm dívidas? – perguntou Mário.

– Não, nenhuma. Você pagou todas e...

– Como eu não estava aqui, não se fez mais nem vamos fazer. Vou voltar a trabalhar – afirmou Cícero.

Mário foi com o irmão alugar o apartamento. Precisava de um fiador. O patrão de Mário tinha um irmão que residia nessa cidade e que também era proprietário de uma oficina mecânica. Mário havia conversado com ele por telefone para arrumar um emprego para o irmão. Foi à sua oficina e pediu a ele que fosse o fiador.

– O senhor pode ficar tranquilo, se Cícero não pagar o aluguel, eu pagarei.

Ele concordou em ser o fiador e com os papéis em ordem, alugaram o apartamento e mudaram. Mário comprou para eles eletrodomésticos, colchões e alguns utensílios de que necessitavam. Ficaram muito contentes.

Mário foi com Cícero à escola e matricularam os dois mais velhos e, para o mais novo, conseguiram uma vaga na creche. Fez questão de falar para os sobrinhos.

– Foi seu pai que acertou tudo!

– Nem acredito! Estou tão feliz! – exclamou a filha dele, beijando-o.

– Mário, como perdi tempo bebendo! – falou Cícero emocionado.

– Às vezes, perdemos tempo! – concordou Mário se emocionando também e lembrando de sua atitude. – Não devemos recusar as oportunidades. Você, meu irmão, está tendo uma outra, aproveite!

Mário conversou com o irmão de seu patrão e pediu:

– Dê uma chance a Cícero. Ele está começando a aprender o ofício e precisa de uma ocupação.

– Posso pagar somente um salário mínimo.

– Se o senhor concordar, envio-lhe todo mês uma quantia para completar o salário dele.

– Está bem, concordo – disse o proprietário da oficina –, seu irmão está empregado.

– Queria lhe pedir mais um favor: se o senhor perceber que ele voltou a beber, me avise – rogou Mário.

– Aviso sim.

Mário ficou cinco dias com o irmão. Encontraram um centro espírita para ele frequentar e também um grupo dos “Alcoólicos Anônimos”.

– Cícero, confio em você, não me decepcione. Valdir, eu e sua família acreditamos na sua recuperação.

– Vou ser digno dessa confiança. Não voltarei a beber! – afirmou Cícero, determinado.

Mário voltou. Sentiu-se sozinho no seu apartamento, acostumara-se com o irmão. A solidão doeu.

15
Oportunidades

Lúcia teve uma gravidez tranquila, estavam todos muito contentes e aguardavam ansiosos o nenê nascer. Ana Carina nasceu e encantou a todos. Lúcia, ao vê-la, observou-a bem e o médico pediatra informou-a:

– Sua filha é sadia!

Emocionada, chorou de alegria e exclamou:

– Obrigada, meu Deus!

Fez uma oração de agradecimento.

Samuel, alegre, sorria o tempo todo. Em casa, Rodrigo, Dinho e ele, sentaram-se na cama, diante do berço, e olhavam o nenê com amor e exclamavam:

– Ela está sorrindo!

– Que lindinha!

– Mexeu a mãozinha!

– Papai – disse Dinho –, Ana Carina não tem dentes!

– Vamos levá-la à doutora Cris, papai – pediu Rodrigo. – Coitadinha, não tem dentes! A Cris colocará dentes nela.

– Meu bem – explicou Lúcia –, nenês nascem sem dentes.

– Mas eu quero que minha irmãzinha tenha dentes! – falou Rodrigo.

– Eu também! Coitada! – exclamou Dinho.

Os dois choraram. Queriam que a irmãzinha tivesse dentes. Samuel e Lúcia repetiram a explicação, mas os dois, com pena da irmã, não se conformaram. Samuel saiu com eles e quando voltaram estava alegres novamente. Lúcia amamentava Ana Carina, sentada no sofá da sala, e ambos ficaram ali, perto dela, brincando. Samuel disse à esposa:

– Levei-os para verem o nenê de dona Clara. Os dois viram que ele também não tem dentes. Depois mostrei a eles o Marcelinho, que já está com oito meses e com os dentinhos nascendo. Aí entenderam.

– Samuel, você está feliz? – perguntou Lúcia.

– Eu sou feliz. Felicidade para mim é estar tranquilo, em paz comigo mesmo, sentir Deus em mim e no próximo e fazer de tudo para colocar em prática o que a Doutrina Espírita me ensina. Mesmo quando passei por dificuldades, senti-me feliz. Felicidade é algo interno, independente do exterior. Estou, Lúcia, tendo neste momento muitas alegrias externas. Pedi muito a Deus que me desse filhos e Ele me deu três e uma companheira maravilhosa.

Samuel aproximou-se de Lúcia, que exclamou:

– Eu vou tentar agir como você. Mas esses momentos alegres me fazem muito feliz. Amo você!

Ele a beijou, e os meninos, que estavam sentados no tapete da sala e brincavam, sorriram alegres. Até Ana Carina parou por instantes de mamar, parecia que sorria. Ela tinha o olhar inteligente, era esperta, uma recém-nascida encantadora. Todos estavam felizes.

⁂

Mário estava só. Pela primeira vez nesses anos, sentia solidão. Muitas das moças, suas vizinhas, tinham mudado de residência; outras voltaram aos seus lares. Ficaram poucas e todas tinham família. Ele tinha os irmãos e agora eram amigos, mas eles também tinham suas famílias. Pensou em Lúcia, amou-a demais, talvez não iria amar ninguém como a amara. Mas agora ela estava casada, morava com outro, refizera sua vida.

Mário continuou a ir ao centro espírita perto do seu apartamento; começou para acompanhar Cícero, depois continuou porque gostou. Marcava num caderno o que gostava das palestras a que assistia.

Releu as que estavam sublinhadas, as que para ele eram mais importantes.

"Quem faz o bem, recebe o bem. Quem faz o mal, tem o retorno de seus atos em sofrimento. Quem nada fez, o que recebe? Nada? E se esse deixar de fazer resultar em sofrimento para alguém, o que receberá? Seja servo útil, faça o bem!"

"Sirva e deixe de ser servido!"

"Faça o bem e não espere recompensa!"

"Agradeça a oportunidade de estar encarnado e ame todos os que o cercam."

"Todos os porquês têm respostas, basta analisar e compreender com os bons sentimentos."

"A reencarnação nos dá oportunidades de nos reconciliarmos com antigos desafetos, aprender e progredir. Não a desperdice."

"Muitas vezes, nos indagamos: Por que comigo? Basta investigar para acharmos a resposta."

Mário pensou e concluiu:

"Pensei tanto nessa indagação: Por que comigo? Desesperei-me quando Rodrigo nasceu e abandonei-o. Por que fiz isso? Por que não consegui amá-lo? Por que uma criança deficiente nasceu no nosso lar? Agora acho que tenho as respostas. Com toda a certeza, Rodrigo reencarnou conosco para que eu aprendesse a amá-lo e nos reconciliarmos".

Numa tarde, Mário estava na oficina quando uma perua parou e o motorista perguntou a ele:

– O senhor não a conserta? Porém, não tenho dinheiro comigo. Posso pagar depois? Trabalho na Apae aqui perto. E, por favor, faça com que o conserto não fique caro.

O motorista abriu a porta e saíram seis garotos entre 13 e 15 anos. Todos deficientes mentais.

– Estamos voltando de um passeio – informou o condutor da perua.

Mário olhou-os e sorriu. Os garotos ficaram curiosos observando-o trabalhar no conserto. Um deles aproximou-se e falou:

– Sou o Júnior! Como você chama?

– Mário!

– Está consertando a nossa perua? Não podemos ficar sem ela.

"Sou o Júnior", ecoou na mente de Mário.

Consertou a perua, trocou uma peça e não cobrou.

– Não é nada! Eu pago a peça e não vou cobrar o conserto.

Agradeceram alegres.

Mário sentiu vontade de ver seu filho novamente. Lembrou-se dele sentado recortando a revista.

– Vou vê-lo! – exclamou determinado.

Sua cunhada, esposa de Valdir, tinha lhe dado todas as informações que obteve de Lúcia, onde Rodrigo estudava, horário etc.

"Daqui duas horas termina a aula dele, vou lá para vê-lo sair."

E foi. Parou o carro no quarteirão da frente e ficou por instantes diante da escola. O portão foi aberto, Mário entrou aproveitando que a moça que organizava a saída das crianças se distraiu arrumando a mochila de uma menina. Ele ficou perto de um pilar. Viu o filho.

– Júnior! – chamou Mário sentindo seu coração disparar.

Rodrigo virou-se, olhou para ele e respondeu:

– Não sou Júnior! Júnior é aquele menino ali. Meu nome é Rodrigo!

– Oi, Rodrigo – falou Mário. – Como está? Você é feliz?

– Eu sou feliz! No domingo, dia dos pais, eu e meu pai jogamos futebol e marcamos um gol. Este é Dinho, meu irmãozinho.

O outro garoto aproximou-se, sorriu e cumprimentou:

– Oi!

– Ele não jogou futebol, mas no ano que vem ele vai jogar – informou Rodrigo.

– Vou jogar, sim, papai prometeu.

– Vocês são irmãos? – perguntou Mário.

– Somos e temos uma irmãzinha – disse Rodrigo.

– Que não tem dentes! – exclamou Dinho.

– Mas ela vai ter! – esclareceu Rodrigo. – É que Ana Carina é nenê. É linda! Nós ajudamos mamãe a cuidar dela.

– Você é feliz, Rodrigo? – insistiu Mário.

– Sou muito. Amo papai, mamãe, Dinho, Ângela, minha irmãzinha e jogo futebol com meu pai.

– Dinho! Rodrigo!

Mário escutou, olhou para o portão e viu a pessoa que os chamou dentro de um carro. O homem desceu do veículo e chamou-os de novo. Mário observou-o, era uma pessoa tranquila que, sorrindo, ergueu os braços. Mário afastou-se e ficou atrás do pilar olhando-os.

– Boa tarde, senhor Samuel! Veio buscar os garotos? – cumprimentou a moça que organizava a saída dos alunos.

– Boa tarde, Leninha! – respondeu o homem.

Os dois, Rodrigo e Dinho, correram ao encontro dele exclamando:

– Papai! – e refugiaram-se em seus braços. Samuel beijou-os e abaixou-se para ganhar beijos.

Rindo e falando, ele acomodou os dois no banco de trás e partiram. Mário sentiu um nó na garganta, seus olhos encheram-se de lágrimas. Aproveitou que a moça afastou-se do portão e saiu rápido. Seus olhos lagrimosos impediam-no de enxergar direito. Andou até o carro, sentou-se na calçada e tentou se equilibrar. Sentiu uma dor imensa, parecia que algo arrebentava dentro dele, sentiu-se pior que ao receber a notícia do médico, quando seu filho nasceu, de que ele era deficiente. Agora a dor era diferente, mais profunda, a do remorso. Era da perda de uma grande oportunidade.

– Como fui imprudente! – exclamou, baixinho, enxugando os olhos.

"Perdi Lúcia, a mulher que amava, não aceitei meu filho. Que aprendizado fantástico seria conviver com ele!

Certamente, aprenderia muito com aquele sorriso. Que alegria seria ouvi-lo me chamar de papai, jogar futebol com ele. Mas outro o faz no meu lugar! Samuel é feliz no meu lugar e somente eu sou o culpado! Como pude perder essa oportunidade? Com certeza, não a terei mais. Mesmo que encontrar com eles na próxima encarnação, Rodrigo não deverá voltar mais num corpo deficiente. E Lúcia vai me querer? Nada volta do mesmo modo. Mudamos. Fui eu que perdi a oportunidade. Não vou procurá-los. Quando sentir saudade, virei ver Rodrigo de longe, na saída da escola. Ele conhece Samuel por pai e deverá, pelo bem dele, continuar assim. Abandonei-o na necessidade e não é agora que tudo está bem para eles que os incomodarei com minha presença."

Quando melhorou, entrou no carro, ia voltar para a oficina, mas resolveu fazer algo de bom.

"Se não fizer nada, é o nada que receberei e com certeza o vazio dói, é essa dor que sinto neste momento", pensou.

Foi para a Apae, que ficava perto do seu local de trabalho, e pediu para falar com o diretor.

Um senhor de aspecto agradável o atendeu em sua sala e após cumprimentos, aguardou Mário falar.

– Senhor, consertei uma perua da casa, sou mecânico.

– Veio receber? – perguntou o diretor.

– Não! – respondeu Mário. – Eu falei ao motorista que não precisava pagar. Vim aqui por outro motivo.

– Muito obrigado! – exclamou o senhor sorrindo aliviado.

– Entendo de eletricidade, encanamento e mecânica – informou Mário. – Vim aqui oferecer-me para um trabalho voluntário.

– Que bom! Foi Deus que o enviou! Estamos com um problema de vazamento num banheiro masculino, que não está podendo ser usado, trazendo-nos transtornos. Não temos no momento verbas para o conserto.

– Vou lá e com certeza o consertarei! Quero ajudá-los com meu trabalho. O senhor pode contar comigo – afirmou Mário.

– Vou chamar alguém para levá-lo até lá.

Saíram para o pátio e o diretor pediu a um dos garotos:

– Júnior! Leve, por favor, o senhor Mário ao banheiro masculino que está com vazamento.

– Sim, senhor – respondeu o garoto sorrindo. – Por aqui, senhor, me siga!

Entraram no banheiro e o garoto mostrou a pia e a torneira que vazavam. Mário pôs-se a examiná-la.

– Sou o Júnior! – disse o garoto. – Você é o mecânico. Legal o que faz!

– Você é Júnior. Tem o nome de seu pai?

– Sim, meu pai chama-se Jonas e eu Jonas Júnior – respondeu o garoto.

– Você gosta de seu pai? – Mário perguntou.

– Muito! Ele é meu amigão. Está escutando? É o sinal, tenho de ir para a fila. Tchau!

Júnior saiu. Mário teria de buscar uma peça para consertar a torneira. Iria comprar com seu dinheiro e naquele momento propôs-se a ser voluntário naquela casa. Enxugou os olhos marejados de lágrimas.

"Sou Júnior! Meu pai é meu amigão! Minha irmãzinha não tem dentes! Marcamos um gol! Sou feliz!"

Frases ecoavam em sua mente. Comprou a peça e consertou a torneira. Embora muito triste pela oportunidade que perdera, sentiu-se esperançoso e concluiu que outras oportunidades viriam, porque a vida continua.

Fim

Ao terminar a leitura deste livro, talvez você tenha ficado com algumas dúvidas e perguntas a fazer, o que é um bom sinal. Sinal de que está em busca de explicações para a vida. Todas as respostas que você precisa estão nas Obras Básicas de Allan Kardec.

Se você gostou deste livro, o que acha de fazer com que outras pessoas venham a conhecê-lo também? Poderia comentá-lo com aquelas do seu relacionamento, dar de presente a alguém que talvez esteja precisando ou até mesmo emprestar àquele que não tem condições de comprá-lo. O importante é a divulgação da boa leitura, principalmente a da literatura espírita. Entre nessa corrente!